Ensaios Sobre a Liberdade

Coleção ELOS
Dirigida por J. Guinsburg

Equipe de Realização – Produção: Ricardo W. Neves, Sergio Kon e Lia N. Marques.

Celso Lafer

Ensaios Sobre a Liberdade

PERSPECTIVA

CIP-BRASIL. CATALOGAÇÃO-NA-FONTE
SINDICATO NACIONAL DOS EDITORES DE LIVROS, RJ

L163e

Lafer, Celso, 1941-
   Ensaios sobre a liberdade / Celso Lafer. - São Paulo :
Perspectiva, 2011.
            (Elos , 38)

   ISBN 978-85-273-0472-6

   1. Liberdade. 2. Filosofia. I. Título. II. Série

11-7260.   CDD: 123.5
                                          CDU: 123.1

26.10.11   07.11.11   030998

1ª edição – 1ª reimpressão
[PPD]

Direitos reservados à
EDITORA PERSPECTIVA LTDA.

Av. Brigadeiro Luís Antônio, 3025
01401-000 – São Paulo – SP – Brasil
Telefax: (0--11) 3885-8388
www.editoraperspectiva.com.br

2020

SUMÁRIO

Introdução 5

PARTE I

1. O Moderno e o Antigo Conceito de Liberdade 11

2. Filosofia do Direito e Filosofia Política — Notas sobre a Defesa da Liberdade no Percurso Intelectual de Norberto Bobbio 49

PARTE II

3. Os Estados Unidos, a Liberdade e a Democracia: Uma Perspectiva Brasileira 79

PARTE III

4. As Salvaguardas e a Liberdade: O Direito Internacional e a Reforma Política 101

5. Liberdade e Igualdade: Reflexões sobre o Crescimento Econômico e a Democracia 123

SUMÁRIO

PARTE I

1. 10

PARTE II

...

Para Manuel e Inês, meus filhos

*Nada é mais nefasto para uma cidade do que um
tirano; em primeiro lugar, aí as leis não são comuns
a todos, um só senhor é senhor da lei e diante dele
não há mais igualdade.
Sendo as leis escritas, o pobre e o rico têm direito
igual. Aos mais pobres é permitido se pronunciar
quando injuriados; e o menor vence o poderoso
se sustentar uma causa justa. A liberdade é isto:
"Quem quer propor algo útil para a comunidade?"
E, então, aquele que quer falar, brilha, e o que
não quer, fica em silêncio.
Que maior igualdade pode haver para uma cidade?*

(Eurípedes, *As Suplicantes,*
vv. 429 a 441) (tradução de
Mary M. de Camargo Neves)

INTRODUÇÃO

O tema deste livro é a liberdade. Os cinco ensaios que o compõem traçam os caminhos de uma reflexão liberal aberta aos desafios contemporâneos, em particular os do Brasil, procurando ser um diálogo com autores e situações. E embora redigidos em momentos diversos, exprimem uma série de inquietações cuja constância os unifica e estrutura, em relação de mútua complementariedade.

A primeira parte abrange dois ensaios de natureza mais geral, redigidos este ano e explicitando o arcabouço teórico que presidiu à elaboração dos demais, escritos anteriormente.

No primeiro, apresentado e aprovado na VIII Conferência Nacional da Ordem dos Advogados do Brasil (Manaus, maio/1980), retomo a distinção entre o moderno e o antigo conceito de liberdade para insistir que, tanto a liberdade positiva de participação pública na elaboração dos destinos da comunidade política — que indica os caminhos da legitimidade consensual e democrática — quanto a liberdade negativa — que estipula limites à invasão e à interferência do todo político-social em relação ao indivíduo — são valores fundamentais que motivam e justificam a ação. Um dos argumentos centrais tem como objetivo apontar que a liberação da necessidade, que é condição para o exercício da liberdade, não traz automaticamente a "constitutio libertatis", que sempre   5 exige mecanismos institucionais próprios. A plena configuração destes requer a discussão adequada das formas de governo, do papel do Direito e das estruturas do Estado.

Esta temática é retomada no segundo ensaio, no qual discuto as relações entre liberdade, Filosofia do Direito e Filosofia Política, através de uma análise do pensamento de Norberto Bobbio. O ensaio foi escrito a pedido da Editora da Universidade de Brasília para servir de prefácio ao livro de Bobbio *A Teoria das Formas de Governo na História do Pensamento Político*, que ela pretende publicar ainda este ano.

A segunda parte, que tem um enfoque comparativo, é integrada pela versão, revista para este livro, de uma conferência pronunciada em novembro de 1976 na Universidade de Brasília, na 1ª Jornada de Estudos de Direito Americano, anteriormente publicada no *Digesto Econômico* (nº 267, maio/junho de 1979). Nela, examino, a partir de uma perspectiva brasileira, a experiência norte-americana de liberdade e democracia, assinalada por certa combinatória entre o político e o econômico, que configuram mecanismos institucionais próprios, cuja equação procurei explicitar.

A terceira compõe-se de dois ensaios sobre temas brasileiros, também revistos para serem inseridos neste livro. O primeiro foi originariamente uma conferência pronunciada no Rio de Janeiro no Instituto dos Advogados Brasileiros, em 20 de março de 1978 e publicada na *Revista de Ciência Política* (vol. 21, nº 4, dezembro de 1978); nele discuto o tema das salvaguardas constitucionais e da liberdade, valendo-me da experiência do Direito Internacional. Creio que constitui um exemplo do que entendo ser os "consilia" institucionais e jurídicos, que é missão dos advogados propiciar no espaço aberto entre o *ser* da situação em que se vive e o *dever ser* da democracia.

No último ensaio, que foi uma intervenção apresentada em 20 de setembro de 1977 no Rio de Janeiro em mesa-redonda da Escola Superior de Guerra, e a seguir publicada em *Dados* (nº 18, 1978), examino as relações entre liberdade e igualdade através de uma série de fatos e reflexões sobre o crescimento econômico e as metas da democracia no Brasil. A este propósito, procurei deixar claro que a defesa da liberdade como valor, que motiva e justifica a minha reflexão, implica o reconhecimento de que ela só se perfaz se for completada pela igualdade, que desde Aristóteles está associada à justiça.

Ao finalizar, não quero deixar de agradecer a alguns interlocutores que tiveram a paciência de, no correr do tempo, discutir comigo, no todo ou em parte, as respostas que procurei dar: Alberto Venancio Filho, Alcides Jorge Costa, Antonio Candido, Betty Mindlin Lafer, Carlos Daniel Coradi, Fábio Konder Comparato, Hélio Jaguaribe, Horácio Cherkassky, José Eduardo Faria, Luiz Olavo Baptista, Marcílio Marques Moreira, Mary de Camargo Neves, Tércio Sampaio Ferraz Jr., Teresa Ancona Lopez de Magalhães e Wanderley Guilherme dos Santos.

Naturalmente, é só minha a responsabilidade pelas conclusões a que cheguei.

Celso Lafer
São Paulo, maio de 1980

PARTE I

1. O MODERNO E O ANTIGO CONCEITO DE LIBERDADE*

1.

A importância da distinção entre um moderno e um antigo conceito de liberdade foi celebrizada por Benjamin Constant numa conferência de 1819. Nesta conferência, ao comparar uma e outra, Benjamin Constant afirmou:

> Le but des anciens était le partage du pouvoir social entre tous les citoyens d'une même patrie. C'était là ce qu'ils nommaient liberté. Le but des modernes est la sécurité dans les jouissances privées; et ils nomment liberté les garanties accordées par les institutions à ces jouissances[1].

A tese de Benjamin Constant foi posteriormente ampliada e aprofundada por uns, bem como contestada por outros[2]. Não

* Este texto foi apresentado, a convite do Presidente do Conselho Federal da Ordem dos Advogados do Brasil, Dr. Eduardo Seabra Fagundes, como uma das teses da VIII Conferência Nacional da OAB (Manaus, 18 a 22 de maio de 1980), que teve como tema central o conceito de liberdade.

1. BENJAMIN CONSTANT, "De la liberté des anciens comparée a celle des modernes" in *Cours de Politique Constitutionelle*, (edição de Éduard Laboulaye), 2ª ed., Paris: Guillaumin, 1872, vol. II, p. 548.

2. Cf. FUSTEL DE COULANGES, *A Cidade Antiga* (tradução de Fernando de Aguiar), 9ª ed., Lisboa: Livraria Clássica, 1957, vol. I

cabe, no âmbito deste trabalho, entrar no mérito deste ampl debate sobre o significado histórico de liberdade na *polis* greg e no Estado Moderno. Importa apenas, preliminarmente, tenta precisar conceitualmente os termos liberdade antiga e liberdad moderna, para, a seguir, ter condições de apreciar qual a rele vância contemporânea do tema.

2.

A idéia de *liberdade antiga* está relacionada com a expe riência da democracia ateniense dos séculos V e IV a.C. e con as reflexões que suscitou, que até hoje captam a imaginaçã dos homens, motivando-os diante de situações concretas[3]. Con ceitualmente, a *liberdade antiga* significa distribuição democr tica do poder entre os cidadãos que participam da feitur das leis, em virtude do acatamento, pela comunidade polític dos princípios de *isonomia* e *isegoria* que asseguram aos se membros igualdade na elaboração e aplicação das normas

– Livro III, Cap. XVIII, pp. 347-354; WERNER JAEGER, *Paide* (transl. by Gilbert Highet), 2ª ed., Oxford: Blackwell, 1954, vol. I Cap. VI, pp. 99-114; G. JELLINECK, *Teoria General del Estado* (tr dução de Fernando de los Rios Urruti), 2ª ed., México: Cia, Edit. Co tinental, 1958, Livro II – Cap. X, pp. 239-256; MIGUEL REALI *Horizontes do Direito e da História*, 2ª ed., São Paulo: Saraiva, 197 pp. 17-42; G. GLOTZ, *La Cité Grecque*, Paris: La Renaissance de Livr 1928, pp. 150-165.

3. PIERRE VIDAL-NAQUET, "Tradition de la Démocrat Grecque", prefácio a Moses I. Finley, *Démocratie Antique et Démocra* *Moderne*, Paris: Payot, 1976, pp. 18-19.

4. N. MATTEUCCI, *Il Liberalismo in un Mondo in Transfo mazione*, Bologna: Il Mulino, 1972, pp. 195-196: MIGUEL REAL *Horizontes do Direito e da História*, cit., pp. 22, 28; W. JAEGER, *op. ci* vol. I, pp. 104 e seguintes.

Trata-se, em síntese, de uma ativa liberdade de participação na *polis*, graças à presença do cidadão na praça pública.

A liberdade antiga é, para usar os termos de Isaiah Berlin, uma *liberdade positiva*, que responde à pergunta: por quem sou governado?[5] Neste sentido, a liberdade antiga está relacionada com as teorias das formas de governo e com a justificação da democracia. As duas palavras que formam o nome democracia — *demos* (o povo) e *kratos* (o poder) — nos textos conservados, viram-se reunidos pela primeira vez (por volta de 468 a.C.), como aponta Vidal-Naquet, na peça de Ésquilo *As Suplicantes*. No decorrer da peça, vêem-se contrastadas a concepção absolutista oriental de Estado — onde todo poder se concentra no rei (versos 370/375) — com a concepção ateniense, pois Ésquilo descreveu, usando precisamente as palavras *demos* e *kratousa* (particípio do verbo *krateo*), uma decisão da assembléia ateniense (versos 602/603), na qual o rei Pelágio desempenhou o papel de um líder democrático, como o foi Péricles[6].

É sabido que os filósofos gregos foram críticos da experiência democrática ateniense, e por isso não elaboraram uma ampla teoria da democracia. Moses Finley, no entanto, no seu belo livro sobre a democracia antiga e moderna, aponta a relevância dos argumentos de Protágoras. Este sofista do século V a.C., pelo que se percebe de um dos primeiros diálogos de Platão — o *Protágoras* — sustenta que todos os homens possuem *politiké techné*, isto é, a arte do julgamento político que os

---

5. ISAIAH BERLIN, *Four Essays on Liberty*, London: Oxford University Press, 1969, p. XLIII.

6. PIERRE VIDAL-NAQUET, in loc. cit., p. 41; *Tragiques Grecs Eschyle et Sophocle* (trad. Jean Grosjean), Paris: Gallimard, 1967, pp. 144, 152-153, 1101, 1104, 1105.

toma aptos para deliberar, sejam eles ricos ou pobres, nobre ou carpinteiros, sobre os assuntos que interessam à admini tração do Estado. Daí a razão da extensão da *isegoria* (igua direito de falar) a todos os cidadãos[7]. Na *paidéia* derivada dest assertiva, porque todos possuem *politiké techné*, todos poder governar, deliberando e integrando o espaço público da palavr e da ação. A liberdade antiga de participação democrática nã significa, conseqüentemente, ausência de normas ou imped mento, mas sim, para falar etimologicamente, *autonomia*. D fato, autonomia é palavra grega composta por *autos*, "o pró prio" — que se converteu num elemento de composição, qu traduz a idéia de *por si próprio* — e *nomos*, lei. Daí o signif cado originário, na própria Grécia antiga, de autonomia: "d reito de se reger pela própria lei". A liberdade, nesta acepçã de autonomia, coincide com a esfera do obrigatório, porém obrigatório resulta da obediência à própria lei coletivament elaborada na praça pública. A liberdade antiga sugere o qu Kant chamou de "liberdade legal", ou seja, a faculdade de obe decer apenas à lei exterior à qual se pode dar assentimento. seu oposto é a heteronomia da norma imposta por um ou pe poucos em relação a todos[8].

7. MOSES I. FINLEY, *op. cit.*, p. 79; PIERRE VIDAL-NAQUET in loc. cit., p. 42; PLATÃO, "Protagoras" 319-d, in *Oeuvres Complet* (trad. de Léon Robin), Paris: Gallimard, 1950, vol. I, p. 87.

8. NORBERTO BOBBIO, "Della libertà dei moderni compara a quella dei posteri" in *La Libertà Politica* (a cura di Alessandro Passér d'Entrèves), Edizioni di Comunità, 1974, p. 79; ISAIAH BERLIN, o *cit.*, pp. 130, 131 e 136; NORBERTO BOBBIO, *Da Hobbes a Mar* (2ª ed.), Napoli: Morano, 1965, pp. 147-163; E. KANT, *Projet de Pa Perpetuelle* (2ª ed.), (trad. J. Gibelin), Paris: Vrin, 1970, p. 15; JOS PEDRO MACHADO, *Dicionário Etimológico da Língua Portugues* vol. I, Lisboa: Edit. Confluência, 1956.

A liberdade antiga vem motivando a imaginação política e jurídica dos homens na medida em que propicia, pela auto-obrigação, fruto da participação na coisa pública, o alargamento da esfera de autodeterminação coletiva que restringe a norma imposta e amplia as democraticamente consentidas. A liberdade antiga é, neste sentido como diria Miguel Reale, um valor visto na perspectiva da ação[9], e como tal se encontra na proposta de organização ideal da comunidade política de Rousseau, que afirma no *Contrato Social: "l'obéissance à la loi qu'on s'est prescritte est liberté"*[10].

A extensão a todos da liberdade antiga é um dos fundamentos que conduz à prospectiva marxista de natureza prescritiva sobre a democracia. Basta, neste sentido, lembrar a célebre análise de Marx sobre a Comuna de Paris, que Marx vê como uma forma positiva de República que, através da democracia direta e da supressão dos "corpos intermediários", eliminou, durante a sua vigência, a dominação de classe; ou então a afirmação de Engels, em 1891, no sentido de que a Comuna de Paris seria o caminho da ditadura do proletariado; ou ainda as reflexões de Lenin em *O Estado e a Revolução* (1917), sobre a democracia numa fase superior do comunismo[11].

Em síntese, o tesouro —para falar com Hannah Arendt — da teoria e da tradição democrática, inclusive mas não apenas

9. MIGUEL REALE, *Pluralismo e Liberdade*, São Paulo: Saraiva, 1963, p. 45.

10. JEAN-JACQUES ROUSSEAU, *Du Contrat Social*, Livro I, Cap. VIII, in *Oeuvres Complètes*, tomo III, Paris: Gallimard, 1964, p. 365.

11. KARL MARX, *La Guerre Civile en France – 1871*, Paris: Ed. Sociales, 1975, pp. 62 e ss.; FRIEDRICH ENGELS, introdução de 1891 a *La Guerre Civile en France – 1871*, acima citado, p. 25; V. I. LENIN, *O Estado e a Revolução*, Rio: Ed. Vitória, 1961, Caps. III e V.

na sua dimensão revolucionária (*town-halls, soviets, rätes,* Comuna de Paris, autogestão, etc.), provém precisamente da reflexão provocada pela possibilidade do exercício da liberdade antiga[12].

Numa perspectiva jurídica, a prevalência maior ou menor da liberdade antiga na gênese da norma jurídica é o que permite, como aponta Kelsen, diferenciar uma democracia de uma autocracia[13]. A prevalência da liberdade antiga também entreabre o tema da legitimidade das normas numa dimensão existencial. Esta se traduz na possibilidade da liberdade de expressão do indivíduo, que toma sobre si a responsabilidade pública do seu próprio destino e que reconhece, ao mesmo tempo, a situação-limite que provém da condição humana no seu interrelacionamento plural com os outros. Este reconhecimento se traduz num *não* a toda tentativa de subordinação do indivíduo e num *sim* a todo esforço de colaboração e de diálogo, na auto-revelação intersubjetiva do ser nas deliberações da comunidade política[14].

12. HANNAH ARENDT, *On Revolution* (2ª ed.), N. York: Viking Press, 1965, cap. VI, pp. 217-285; CAROLE PATEMAN, *Participation and Democratic Theory*, Cambridge: Cambridge University Press, 1970.

13. HANS KELSEN, *General Theory of Law and State* (trad Anders Wedberg), N. York: Russell and Russell, 1961, p. 284.

14. SERGIO COTTA, "Éléments d'une Phénomenologie de la Légitimité" in *Annales de Philosophie Politique – 7: L'Idée de Légitimité*, Paris: PUF, 1967, pp. 84-85; PETER FUSS, "Hannah Arendt's Conception of Political Community" e JAMES MILLER, "The Pathos o Novelty: Hannah Arendt's Image of Freedom in the Modern World" ambos in HANNAH ARENDT, *The Recovery of the Public World*, edited by Melvyn A. Hill, N. York: St. Martin's Press, 1979, respectivamente pp. 162 e 186.

A liberdade antiga é a liberdade do cidadão e não a do homem enquanto homem. Ela só se manifesta, por isso mesmo, em comunidades políticas que regularam adequadamente a interação da pluralidade. Daí a relação entre política, liberdade antiga e formas democráticas de governo, que criam um espaço público ensejador pela liberdade de participação na coisa pública, do diálogo no plural, que permite a palavra viva e a ação vivida, numa unidade criativa e criadora[15].

É esta superior organização da comunidade política que motiva o compreensível orgulho de Péricles, na sua célebre oração fúnebre, tal como nos relata Tucídides, quando afirma que as instituições atenienses não seguem as leis de outras cidades, antes lhes servem de modelo — um modelo que se caracteriza pela convicção de que o discurso não entrava a ação, pois é requisito prévio para a compreensão do que deve ser feito[16]. Por outro lado, porque a liberdade antiga resulta da organização da comunidade política, o todo (a comunidade) é maior e mais relevante que a parte (o indivíduo).

A polis [como diz Jaeger] é a soma de todos os seus cidadãos e de todos os aspectos de suas vidas. Ela dá muito a cada cidadão, porém dele tudo pode exigir. Inexorável e poderosa, a polis impõe o seu modo de vida a cada indivíduo, marcando-o como seu[17].

15. HANNAH ARENDT, *The Life of the Mind*, vol. II — *Willing*, N. York: Harcourt, Brace, Jovanovich, 1978, pp. 199-200; CELSO LAFER, *Hannah Arendt — Pensamento, Persuasão e Poder*, Rio: Paz e Terra, 1979, pp. 116-117 e passim.

16. TUCIDIDES, *História de la Guerra del Peloponeso* (trad. de David Gonzalez Maeso), Livro II — 37-40, in *Historiadores Griegos*, Madrid: Aguilar, 1969, pp. 1328-1329.

17. W. JAEGER, *Paideia*, cit., vol. I, p. 108.

3.

Esta presença avassaladora do Estado e da sociedade n vida dos indivíduos é o que permite compreender a impor tância de uma outra dimensão da liberdade, que Benjami Constant chamou de *liberdade moderna*. Já os romanos, qu diferenciavam juridicamente o *statuṣ civitatis* do *status liber tatis*, definiam a liberdade como *a faculdade natural de se faze o que se quer com exceção daquilo que se proíbe ou pela forç ou pela lei*[18]. Liberdade, neste sentido, não é o obrigatório, ner mesmo do autonomamente consentido, mas sim o que s encontra na esfera do não-impedimento. Como diz Hobbe:

Liberty, or Freedome, signifieth (properly) the absence of Oppc sition; (by Opposition I mean externall Impediments of motion); (. . A free-man, is he, that in those things, which by his strenght and wit h is able to do, is not hindered to doe what he has a will to do[19].

A liberdade como não-impedimento é uma liberdad negativa e privada no sentido que responde às perguntas: "Quar to sou governado?", "Qual é o grau de interferência dos outro e do Estado na minha vida?"[20]

Num Estado, isto é, numa sociedade onde existem lei: liberdade não é fazer o que se bem entende, na subjetividade por assim dizer, irrestrita do estado de natureza. Numa socie dade politicamente organizada, a liberdade adquire, com ensina Montesquieu, uma objetividade e pode ser definida com

18. DIGESTO, 1, 5, 4. Utilizei-me da edição do *Corpus Jur Civilis* de C. M. Galisset (10ª ed.), Paris: Ed. A. Cotelle, 1878.

19. HOBBES, *Leviathan* (edited by C. B. Macpherson), Parte I Cap. 21, Harmondsworth, Middlesex: Penguim Books, 1968, pp. 261-26:

20. ISAIAH BERLIN, *op. cit.*, pp. XLIII, 122-123, 130.

"le droit de faire tout ce que les lois permettent"[21]. Nesta acepção, o conceito de liberdade coincide com o do lícito, vale dizer, está na esfera, como diz Bobbio, daquilo que, não sendo nem comandado nem proibido, é permitido[22].

Em termos juridicamente mais precisos, isto significa que a liberdade moderna não está diretamente ligada, como a antiga, ao problema público da gênese da norma jurídica e ao fundamento democrático de sua obrigatoriedade, mas sim a uma dimensão mais privada do indivíduo. Trata-se de uma faculdade potestativa, inserida na plenitude material do ordenamento jurídico que caracteriza os Estados modernos. Em virtude desta faculdade no âmbito daquilo que é possível e permitido, todo indivíduo pode optar entre o exercício e o não-exercício de seus direitos subjetivos, quando o conteúdo dos mesmos não se baseia num dever do próprio titular do direito subjetivo[23]. Em síntese, como diz Lourival Vilanova, é livre a conduta juridicamente regulada que o Direito autoriza tanto sua omissão quanto sua execução[24].

Qual é, ou qual deve ser, numa sociedade, o tamanho desta esfera do permitido que enseja o exercício da liberdade

21. MONTESQUIEU, *De l'Esprit des Lois*, Livro XI, Cap. III, in *Oeuvres Complètes*, vol. II, Paris: Gallimard, 1951, p. 395. Cf. GEORGES VLACHOS, *La Politique de Montesquieu*, Paris: Montchrestien, 1974, pp. 39-41.

22. NORBERTO BOBBIO, "Della libertà dei moderni comparata a quella dei posteri" in loc. cit., p. 78.

23. MIGUEL REALE, *Horizontes do Direito e da História*, cit., p. 24; EDUARDO GARCIA MAYNEZ, *Introducción a la Lógica Jurídica*, México: Fondo de Cultura Económica, 1951, pp. 208, 218-219; EDUARDO GARCIA MAYNEZ, *Diálogos Jurídicos*, México: Porrua, 1978, pp. 395-396.

24. LOURIVAL VILANOVA, *As Estruturas Lógicas e o Sistema do Direito Positivo*, S. Paulo: Revista dos Tribunais, 1977, p. 163.

moderna? Como é sabido, o liberalismo moderno surge com uma contestação ao Estado Absoluto e ao abuso de poder de decorrente. Daí o esforço do liberalismo de converter o Estado Absoluto num Estado de Direito, cuja atividade seria materi e formalmente limitada através de alguns instrumentos jur dicos e políticos. Entre estes instrumentos cabe destacar *garantia dos direitos individuais*, cuja tutela limitaria materia mente a atividade do Estado[25].

Os direitos individuais, inexistentes nas estruturas jur dicas das antigas civilizações, têm a sua gênese, de acordo com Michel Villey, em Guilherme de Occam. Segundo Villey, Occa é responsável pelo aparecimento do tema dos *direitos subj tivos* na medida em que instaurou, com o nominalismo, o pon de vista do particular como pedra angular do Direito. Ao faz do direito individual a célula elementar do jurídico, Occa provocou um momento copernicano na história do pensamen jurídico, de forte impacto no conteúdo liberal do Direi Ocidental[26]. Este conteúdo liberal e individualista apare freqüentemente nos argumentos que explicam, no contratu lismo moderno, a passagem do estado de natureza para a soci dade política e, conseqüentemente, a gênese e o fundamen do Direito Positivo. Em Locke — que tomo como um dos pens dores paradigmáticos do liberalismo — o poder estatal resul de um contrato social que estabelece, no entanto, apenas aqu las normas que são necessárias para o convívio social. Pa Locke o Estado é um meio-termo que compatibiliza a liberda do estado de natureza — onde tudo é permitido — com as ex gências da segurança da vida em sociedade.

25. NORBERTO BOBBIO, "Della libertà dei moderni comp rata a quella dei posteri" in loc. cit., pp. 74-75.

26. MICHEL VILLEY, *La Formation de la Pensée Juridiq Moderne*, Paris: Montchrestien, 1968, pp. 255-261.

Absolute arbitrary power, or governing without settled standing laws, can neither of them consist with the ends of society and government, which men would not quit the freedom of the state of nature for, and tie themselves up under, were it not to preserve their lives, liberties, and fortunes; and by stated rules of right and property to secure their peace and quiet[27].

A liberdade moderna, fruto desta corrente de pensamento, parte do indivíduo para chegar ao todo (a comunidade social). Por essa razão, para Benjamin Constant, Stuart Mill, Tocqueville e para as correntes liberais a eles filiadas, não deve haver poder absoluto, mas apenas alguns direitos absolutos. Estes resultam de uma esfera privada de ação não-controlada pelo poder, que provém de fronteiras não-artificiais, invioláveis, que garantem a cada ser humano uma porção de existência independente do controle social[28]. Esta porção é assegurada pela tutela dos direitos individuais, que vem encontrando guarida nos Direitos Positivos — nacional e internacional — desde o século XVIII, através das declarações de direitos[29].

Variados e distintos têm sido os argumentos justificadores da garantia dos direitos individuais. Isaiah Berlin lembra que, *inter alia*, o Direito Natural, a inviolabilidade do contrato social, o imperativo categórico e o utilitarismo têm sido invocados para fundamentar a tutela da liberdade negativa enquanto garantia de limite à interferência do todo político-social em relação à parte[30].

27. LOCKE, *Of Civil Government — Second Treatise*, Chicago: Gateway Editions, 1964, Cap. XI, p. 114.

28. ISAIAH BERLIN, *op. cit.*, pp. 126 e 165.

29. Cf. A. K. ROBERTSON. *Human Rights in the World*, Manchester: Manchester University Press, 1972; MANUEL GONÇALVES FERREIRA FILHO, ADA PELLEGRINI GRINOVER, ANNA CANDIDA DA CUNHA FERRAZ, *Liberdades Públicas — Parte Geral*. São Paulo: Saraiva, 1978.

30. ISAIAH BERLIN, *op. cit.*, p. 127.

É sabido, no entanto, que o elenco dos direitos do homens tem se modificado — e vem se modificando — com mudança das condições históricas, provocadas por distinta necessidades e interesses das classes e de suas relações com poder, sem falar nas transformações técnicas. Por essa razão o problema do mínimo de liberdade, proveniente da não-inter ferência do todo em relação ao indivíduo, tem variado no temp e no espaço.

Algumas liberdades de escolha, tuteladas pelas declara ções dos direitos do homem, tais como a de falar e de escrever o direito de associação e, no campo da economia, a liberdad do consumidor, revelaram-se mais abrangentes e universais d que outras — por exemplo, a empresarial[31].

Em resumo, a historicidade das mudanças dos orden mentos jurídicos mostra que o que foi, num dado moment fundamento para a tutela dos direitos do homem, não pod assumir as características de um fundamento irretorquíve Por isso mesmo, é difícil encontrar, nos argumentos mencic nados por Isaiah Berlin, um fundamento absoluto para direitc que se revelaram historicamente relativos[32].

Kelsen, ao examinar o assunto com o rigor de técnic jurídica que o caracteriza, observa que uma ordem legal s pode comandar ações ou omissões específicas. Destarte, limit mais ou menos a esfera da liberdade individual na medida er

---

31. RAYMOND ARON, *Essai sur les Libertés* (2ª ed.), Pari Calmann-Lévy, 1976, p. 125; PIERRE MENDÈS-FRANCE et GABRIE ARDANT, *Science Économique et Lucidité Politique*, Paris: Gallimar 1973.

32. C. PERELMAN, *Droit Morale et Philosophie* (2ª ed.), Pari Lib. Génerale de Droit et Jurisprudence, 1976, pp. 67-68; NORBERT BOBBIO, "Sul fundamento dei diritti dell'uomo" in *Revista Intern zionale di Filosofia del Diritto*, ano XLII — Série III, 1965, pp. 304-30!

que comanda ou proíbe mais ou menos condutas. Existe, mesmo num regime totalitário, uma esfera da existência humana não alcançada pela ingerência do comando ou da proibição em virtude dos limites decorrentes de dificuldades técnicas de regulamentar, através do Direito Positivo, todas as possíveis condutas humanas. Esta maior ou menor esfera de liberdade, no entanto, só é assegurável na medida em que obrigações puramente negativas de abstenção de determinados comportamentos, por parte dos outros, inclusive dos órgãos públicos, se fundamentam na tutela jurídica dos direitos individuais[33].

Daí a conclusão de Bobbio, ao estudar o problema do fundamento absoluto dos direitos do homem: o problema de fundo dos direitos individuais, hoje em dia, não é tanto o de encontrar argumentos para justificá-los, que existem — e muitos —, mas sim o de protegê-los; a proteção dos direitos é um problema político e não filosófico[34].

Se a garantia dos direitos individuais, como limite natural ao abuso de poder do todo em relação ao indivíduo, é um problema político, ela se relaciona, nos seus desdobramentos contemporâneos, com outros instrumentos jurídicos por meio dos quais o liberalismo buscou converter o Estado Absolutista em Estado de Direito. De fato, uma das importantes propostas liberais é o *controle dos poderes públicos* por parte dos indivíduos. Um dos mecanismos deste controle é a divisão dos poderes de Montesquieu[35], graças à qual formalmente todos os órgãos do poder do Estado estariam subordinados às pró-

33. HANS KELSEN, *The Pure Theory of Law* (2ª ed.) (trad. de Max Knight), Berkeley: University of California Press, 1967, p. 43.

34. NORBERTO BOBBIO, "Sul fundamento dei diritti dell' uomo" in loc. cit., p. 309.

35. MONTESQUIEU, *De l'Esprit des Lois*, Livro XI, Cap. 6, *Oeuvres Complètes*, cit., pp. 396 e 397.

prias leis constitucionais do Estado. A divisão dos poderes evitaria abusos de duas maneiras: de um lado, dificultaria a decisão arbitrária, que é o que tende a ocorrer quando não prevalece o princípio da legalidade, ou seja, a norma geral previamente discutida e aprovada pelo legislativo. De outro, impediria a decisão parcial, que é o que tende a ocorrer quando não existe um judiciário independente, que se incumba de fazer prevalecer o princípio de imparcialidade na solução de controvérsias[36].

A divisão de poderes dá ao cidadão a liberdade política, que se funda na tranqüilidade de espírito, que provém da opinião que cada um tem de sua segurança[37], quando vive numa sociedade onde prevalece um governo moderado. Para formar um governo moderado, diz Montesquieu:

il faut combiner les puissances, les regler, les tempérer, les faire agir, donner, pour ainsi dire, un lest à l'une, pour la mettre en état de résister à une autre; c'est un chef-d'oeuvre de législation, que le hasard fait rarement, et que rarement on laisse faire à la prudence[38].

O ideal do governo moderado, em Montesquieu, tem em comum com a proposta do governo misto, que remonta a Políbio na sua análise da constituição romana, uma unidade de inspiração. Esta unidade, como diz Bobbio, é o esforço de encontrar meios e modos de evitar o abuso de poder e assim assegurar a liberdade através da busca de uma adequada forma de governo. O *governo misto*, que reúne as qualidades de todas

36. NORBERTO BOBBIO, "Della libertà dei moderni comparata a quella dei posteri" in loc. cit., pp. 74-75.

37. MONTESQUIEU, *De l'Esprit des Lois*, Livro XI, Cap. 6, *Oeuvres Complètes*, cit., p. 397.

38. MONTESQUIEU, *De l'Esprit des Lois*, Livro V, Cap. 15, *Oeuvres Complètes*, cit., p. 297.

as formas de governo, evitando os riscos de degenerescência, é um tema recorrente na história do pensamento político e aparece, *inter alia*, em Maquiavel, Bodin, Bolingbroke, Mably e Hegel. A vitalidade deste tema recorrente e a sua pertinência às mais diversas condições históricas provém, como diz Bobbio, da exigência perene que o tema do governo misto sugere, a saber: o controle do poder através do próprio poder para que — concluo eu — a liberdade possa existir[39].

Como se verifica, tanto a liberdade moderna, quanto a antiga, estão igualmente ligadas à teoria das formas de governo, e é, portanto, no problema do governo e do Estado que reside a ponte para o encaminhamento do tema.

4.

A liberdade moderna e privada do não-impedimento e a liberdade antiga e pública da autonomia coletiva, provenientes da participação democrática, são ambas situações prescritivamente desejáveis, ou seja, valores que motivam a ação[40]. Apesar disso, o desenvolvimento das liberdades na história da humanidade tem sido insatisfatório. Lord Acton lembra que, em todas as épocas o progresso da liberdade tem sido assediado pelo seus inimigos notórios:

39. NORBERTO BOBBIO, *La Teoria delle Forme di Governo nella Storia del Pensiero Politico*, Torino: Giappichelli, 1976, pp. 7, 44-58, 76-84, 95, 147-148, 158-160, 176; ISAAC KRAMNICK, *Bolingbroke and his Circle*, Cambridge, Mass.: Harvard University Press, 1968, Caps. IV e VI; GEORGES VLACHOS, *La Politique de Montesquieu*, cit., pp. 145 e ss.

40. NORBERTO BOBBIO, "Della libertà dei moderni comparata a quella dei posteri" in loc. cit., p. 80; MIGUEL REALE, *Pluralismo e Liberdade*, cit., pp. 44-45.

...by ignorance and superstition, by lust of conquest and by love ‹ ease, by the strong man's craving for power, and the poor man's cravir for food[41].

No exame da temática do progresso das liberdades, d ponto de vista das formas de governo, importa mencionar prel minarmente que na ontologia do pensamento político a order tem sido freqüentemente o equivalente ao *ser*, e a desordem equivalente ao não-ser[42]. Por essa razão, o tema da discórdi; como uma das causas da dissolução do Estado, é tema reco rente na reflexão política, sobretudo por parte daqueles qu enxergam o Estado *ex parte principis*, isto é, do ponto de vis daqueles que detêm o poder e que têm o objetivo de conse vá-lo. Para esses o tema fundamental é a unidade do Estad em relação ao indivíduo e não a liberdade do cidadão, que o problema fundamental de quem examina o problema d: formas de governo *ex parte populi*[43]. São poucos os que, com o Maquiavel dos *Comentários sobre a Primeira Década de Tit Lívio* — um texto de inspiração polibiana — vêem as dissensõe inclusive entre as classes, a desarmonia e não a harmonia com a causa das boas leis que ensejam a liberdade.

Em Maquiavel a solução política para o antagonism proveniente da sociedade civil e que resulta dos conflitos entr partes opostas (a aristocracia e o povo, no caso de Roma), a permanência do conflito por meio do governo misto, qu

41. LORD ACTON, *Essays on Freedom and Power*, N. Yor Meridian Books, 1955, p. 53.

42. SHELDON WOLIN, *Politics and Vision*, Boston: Little ar Brown, 1960, p. 243.

43. NORBERTO BOBBIO, *La Teoria delle forme di Goverr nella Storia del Pensiero Politico*, cit., pp. 24-25.

assegura a liberdade porque comporta o conflito. A liberdade, como diz Maquiavel, não ameaça a própria liberdade, pois

E i desiderii dei popoli liberi rade volte sono perniziosi alla libertà, perché e'nascono o da essere oppressi, o da suspizione di avere ad essere oppressi. E quando queste opinioni fossero false, e'vi è il rimedio delle concioni, che surga qualche uomo da bene che orando dimostri loro come ei s'ingannano[44].

Existe uma relação — que convém explicitar — entre a tradição da teoria política voltada para o tema da ordem e o problema da existência ou inexistência da liberdade na reflexão filosófica. Não é este, evidentemente, o momento para uma análise do problema do livre-arbítrio, pois neste trabalho, como diria Montesquieu, do ponto de vista das formas de governo o que se discute não é a liberdade filosófica, válida para os indivíduos isoladamente, mas sim a liberdade política, que se dá no contexto das comunidades e de sua organização política[45].

Os pensadores profissionais, no entanto — filósofos ou cientistas — freqüentemente preocupados com o rigor da cog-

---

44. NICCOLÒ MACCHIAVELLI, *Discorsi sopra la Prima Deca di Tito Livio*, Livro I, Cap. IV, in *Tutte le Opere* (a cura di Francesco Flora e Carlo Cordiè), vol. I, Mondadori, 1949, p. 105; NORBERTO BOBBIO, *La Teoria delle Forme di Governo nella Storia del Pensiero Politico*, cit., pp. 76-84.

45. MONTESQUIEU, *De l'Esprit des Lois*, Livro 12, Cap. II, in *Oeuvres Complètes*, cit., pp. 431-432; HANNAH ARENDT, *The Life of the Mind* — vol. II, *Willing*, cit., pp. 198-250. Sobre liberdade filosófica e Direito cf. GOFFREDO TELLES JR., *A Criação do Direito*, São Paulo, 1953, pp. 9-138; e do mesmo autor, *O Direito Quântico — Ensaio sobre o Fundamento da Ordem Jurídica*, São Paulo: Max Limonad, s/d, particularmente Cap. II, pp. 129-162 e Cap. VI, pp. 237-286.

nição e com as regras de causalidade, muitas vezes, como lembr
Hannah Arendt, não se sentem à vontade com a dimensão fo
tuita da liberdade. De fato, esta requer que se admita a contin
gência como parte do preço do dom da espontaneidade, val
dizer, da possibilidade do homem fazer aquilo que tambér
poderia não ser feito[46]. Ora, a contingência perturba a *trar
quillitas animi* dos pensadores, que por isso mesmo sentem
tentação de impor aos outros uma verdade. Esta tentação
uma ameaça à liberdade e se liga ao tema da ordem na trad
ção da teoria política.

John Stuart Mill, em *On Liberty*, aponta que uma d:
razões para a supressão da liberdade de pensamento e de di
cussão é a convicção por parte de uns que a sua certeza é ur
certeza absoluta. Mill argumenta teoricamente e através c
exemplos que não existe infalibilidade e, conseqüentement
certezas absolutas, e que a imposição de uma verdade é ur
coerção ilegítima[47]. Esta coerção, no entanto, aparece com
legítima em algumas correntes da tradição da teoria polítir
na medida em que o tema da ordem se vê ligado ao tema c
certeza racional.

Em síntese, o raciocínio pode ser formulado, com
aponta Sérgio Cotta, da seguinte maneira:

> Se é verdade que a legitimidade decorre da crença na capacida«
> de um regime, de assegurar o bem comum da comunidade, o regin

---

46. HANNAH ARENDT, *The Life of the Mind*, vol. II – *Willir*
cit., p. 198; CELSO LAFER, *Hannah Arendt – Pensamento, Persuasc
e Poder*, cit., Caps. II e IV.

47. JOHN STUART MILL, *On Liberty*, in *American Sta
Papers – The Federalist – John Stuart Mill*, Chicago: Enc. Britannic
1952, Cap. 2, pp. 274, 275-276; ISAIAH BERLIN, *op. cit.*, pp. 185-18

verdadeiramente legítimo é aquele que melhor garante a realização efetiva e objetiva deste fim. Em outras palavras, o regime que atribui o poder àqueles que, por definição, são capazes de compreender, de ciência certa e não apenas com base na opinião e na prudência, o que é o bem comum[48].

Dos filósofos-reis de Platão aos déspotas esclarecidos da Ilustração; dos sábios de Comte aos tecnocratas da sociedade industrial, esta é a relação entre o tema da ordem e a supressão das liberdades, uma vez que a escolha política não é problematizada, pois é vista como o caminho de mão única do despotismo da evidência[49].

A falácia do caminho de mão única provém do fato de que a política requer um modo de pensar no plural, que não é o da evidência racional do eu consigo mesmo, mas sim o do diálogo com os outros na intersubjetividade que caracteriza a política e o Direito. É por essa razão que Hannah Arendt realça a importância, para a política, da *Crítica do Juízo*, de Kant, na qual Kant chama a atenção para uma maneira de pensar no plural, que consiste em ser capaz de pensar no lugar e na posição dos outros em vez de estar de acordo consigo mesmo. A mentalidade alargada que permite o juízo, no pluralismo do "cogito" kantiano, haure o seu vigor da concordância potencial dos outros. A área de jurisdição do juízo é a do pensamento

48. SERGIO COTTA, "Éléments d'une Phénomenologie de la Légitimité" in loc. cit., p. 82.

49. SERGIO COTTA, "Éléments d'une Phénomenologie de la Légitimité" in loc. cit., p. 86; NORBERTO BOBBIO, *La Teoria delle Forme di Governo nella Storia del Pensiero Politico*, cit., Caps. II e XI; ISAIAH BERLIN, *op. cit.*, pp. 151-152; BERTRAND DE JOUVENEL, *Sovereignty* (trad. de J. F. Huntington), Chicago: The University of Chicago Press, 1963, Parte IV, Cap. 13.

tópico e prudencial que se extrai de opiniões manifestadas n
espaço público da palavra e da ação.

Da mentalidade alargada provém o consenso, que par
Hannah Arendt parte do reconhecimento que o homem nã
pode agir sozinho, isoladamente, pois os homens, se quere
conseguir algo no mundo, precisam atuar conjuntamente.
do *nós* do agir conjunto que nasce o poder, entendido com
um recurso gerado pela capacidade dos membros de uma comu
nidade política de concordarem com um curso comum d
ação[50]. Daí o igualitarismo do juízo — da *politiké techn*
apontada por Protágoras — e a razão de ser dos princípios d
isonomia e isegoria mencionados acima no estudo da libe
dade antiga. Daí também a dimensão existencial do tema d
legitimidade, igualmente apontada na reflexão sobre a libe
dade antiga, e a convicção de Péricles de que o discurso nã
entrava a ação.

5.

O despotismo do caminho de mão-única da pseudo ce
teza racional e a ontologia da ordem na tradição e na prátic
da teoria política são, portanto, conforme foi visto, obstáculo
para as liberdades na vida dos povos. Outro obstáculo, segur

50. HANNAH ARENDT, *Between Past and Future* (new an
enlarged edition), N. York: Viking Press, 1968, Caps. 3, 4 e 7; HANNA
ARENDT, *Crisis of the Republic*, N. York: Harcourt, Brace, Jovanovic
1972, pp. 105-198; HANNAH ARENDT, *The Life of the Mind*, vol. I
Willing, cit., pp. 195 e ss.; EMANNUEL KANT, *Critique de la Facul*
de Juger (trad. de A. Philonenko), Paris: Vrin, 1974; cf. prefácio d
tradutor, particularmente pp. 9-15 e os §§ 4 e 40 do texto de Kant;
CELSO LAFER, *Hannah Arendt — Pensamento, Persuasão e Pode*
cit., Caps. I, III e IV.

mente mais significativo, é a distância entre a liberdade como conceito e a vida concreta e quotidiana das pessoas. De fato, uma coisa é a liberdade vista como um valor na perspectiva da ação; outra são as condições para o seu exercício[51]. Macpherson, por exemplo, aponta que são impedimentos ao uso das capacidades humanas — entre elas a liberdade negativa e a positiva: (i) a falta de meios adequados para a vida (pré-requisitos materiais para participar na vida da comunidade — por exemplo: casa e comida); (ii) a falta de acesso aos meios de trabalho num sentido amplo, isto é, os que permitem o exercício das capacidades produtivas e/ou não-produtivas do homem; (iii) e a falta de proteção contra a invasão dos outros, seja pela inexistência da tutela dos direitos individuais, seja pela escassez ou de meios de vida, ou dos meios de trabalho[52].

Destas considerações sobre os impedimentos ao uso das capacidades humanas provém a oportunidade da distinção entre *liberação* e *liberdade* que, segundo Hannah Arendt, já se encontra nas duas lendas básicas de fundação da civilização ocidental — uma judaica, outra romana. A história bíblica do êxodo dos judeus do cativeiro do Egito e da posterior criação da comunidade judaica pela lei mosaica e sua implantação na terra do leite e do mel, de um lado; e o poema de Virgílio, a *Eneida*, de outro, onde a criação de Roma viu-se precedida pelo errar de Enéas após o aniquilamento de Tróia, são duas alegorias que têm em comum o fato de se originarem em dois povos que acreditavam que a história do seu início era conhecida. Nos dois casos, o *nós* do "muitos em um" do agir conjunto da comunidade teve como inspiração e princí-

---

51. ISAIAH BERLIN, *op. cit.*, p. LIII.
52. C. B. MACPHERSON, *Democratic Theory*, Oxford: Clarendon Press, 1973, pp. 59-76 e passim.

pio de ação o amor à liberdade. Este gosto pela liberdade exprimiu-se, num primeiro momento, pela liberação da opressão, e se completou num segundo pela instauração da liberdade.

Existe, nas duas lendas, um hiato importante entre desastre e a salvação, entre a liberação da antiga ordem e nova liberdade. O sentido alegórico deste hiato (os anos d deserto e as viagens de Enéas), entre o "não mais" (o passado do cativeiro e o aniquilamento de Tróia) e o "ainda não (o futuro), é o de indicar que a liberdade não é o resultado automático da liberação, e que a passagem do desastre pa a salvação transita pela construção da forma de governo e comunidade[53].

No mundo contemporâneo a possibilidade de liberação e de liberdade não deita as suas origens na imitação do passado mas sim na esperança do futuro. A crença comum das socie dades modernas, como aponta Raymond Aron, é a convicção de que nenhuma condição social pode ser tida como indepe dente da vontade racional dos homens e, enquanto tal, susc tível de transformações. A formulação, como diz Aron, é qua textualmente marxista e dela provém a conclusão de que elenco dos impedimentos ao livre uso das capacidades hum nas, mencionadas por Macpherson, são imputáveis à sociedade A responsabilidade da sociedade diante das reivindicações igu litárias, enquanto condição para o exercício da liberdade sugere que se examine o alcance da célebre distinção que Man estabelece entre *liberdade formais* e *liberdades reais*[54].

---

53. HANNAH ARENDT, *The Life of the Mind*, vol. II, *Willing* cit., pp. 203-204; CELSO LAFER, *Hannah Arendt — Pensamento, Pe suasão e Poder*, pp. 117-120.

54. RAYMOND ARON, *Essai sur les Libertés*, cit., pp. 64-6 e passim.

Convém mencionar, antes de iniciar a discussão sobre a diferença entre liberdades formais e liberdades reais, que Aristóteles, uma das fontes inspiradoras da teoria do governo misto, já lidava com a relação entre *liberdade* e *igualdade*. De fato, Aristóteles, na *Política*, aponta que a razão da *polis* não é apenas o viver em comum, mas o viver bem em comum[55]. Por essa razão, na distinção entre formas boas e más de governo, o critério aristotélico não é, como o platônico, consenso ou força, legalidade ou ilegalidade[56], mas sim o interesse comum de governantes e governados. Este só é convergente quando o Estado é uma comunidade integrada por homens livres[57], e os homens livres e pobres, que são a maioria, estão à testa dos negócios públicos[58]. O critério de Aristóteles para diferenciar uma democracia de uma oligarquia não é o abstratamente numérico (poucos ou muitos) mas sim a condição social dos que governam (ricos ou pobres)[59].

Como Aristóteles julga que o melhor caminho é o da justa medida[60], ele defende o governo moderado entendendo-o

---

55. ARISTÓTELES, *La Politique* (ed. J. Tricot), 1280-b, Paris: Vrin, 1970, p. 209.

56. PLATÃO, *Le Politique*, 302-e, in *Oeuvres Complètes* (trad. de Léon Robin), cit., vol. II, p. 413; NORBERTO BOBBIO, *La Teoria delle Forme di Governo nella Storia del Pensiero Politico*, cit., pp. 29-30.

57. ARISTÓTELES, *La Politique* (ed. J. Tricot), cit., 1279-a-b, pp. 197 e 200.

58. ARISTÓTELES, *La Politique* (ed. J. Tricot), cit., 1290-b, p. 270.

59. ARISTÓTELES, *La Politique* (ed. J. Tricot), cit. 1280-a, p. 203.

60. ARISTÓTELES, *La Politique* (ed. J. Tricot), cit. 1295-b, p. 301.

possível quando a composição social da comunidade é predo
minantemente de classe média, pois neste caso a maior part
das pessoas que integram o Estado são iguais e semelhantes[61]
Conforme se verifica, o tema da *liberdade igualitária* na demo
cracia, que combina liberdade e justiça, conforme apont
Della Volpe na sua polêmica com Bobbio[62], não é um tem
estranho à teoria das formas de governo e às razões que just
ficam o governo misto.

6.

Marx examina o tema das liberdades formais e reais a
discutir, na *Questão Judaica*, o alcance da emancipação pol
tica e dos direitos do homem. Marx entende que a emanc
pação política não é a emancipação humana[63], afirmand
que os assim ditos direitos do homem não vão além do homer
egoísta enquanto tal, isto é, do homem enquanto membro d
uma sociedade civil, tido como um indivíduo separado d
comunidade[64].

Para Marx a emancipação humana só se completar
quando o cidadão abstrato for absorvido pelo homem real
individual, de tal maneira que não ocorra a cisão entre o ind

61. ARISTÓTELES, *La Politique* (ed. J. Tricot), cit., 1295-
p. 303. Cf. NORBERTO BOBBIO, *La Teoria delle Forme di Govern
nella Storia del Pensiero Politico*, cit., pp. 31-43.

62. GALVANO DELLA VOLPE, "Il problema della liber
egualitaria nello svilupo della moderna democrazia" in *La Libertà Politic
(a cura di Alessandro Passérin d'Entrèves), cit., p. 62.

63. KARL MARX, *Early Writings* (transl. and edited by T.
Bottomore), N. York: McGraw-Hill, 1964, p. 21.

64. KARL MARX, *Early Writings*, cit. p. 26.

víduo e o cidadão[65]. Esta cisão ocorre em virtude da divisão do trabalho, que gera a divisão de classes que, por sua vez, perpetua as desigualdades entre os que possuem e os que não possuem[66]. A divisão do trabalho e a propriedade privada, dizem Marx e Engels na *Ideologia Alemã*, são expressões idênticas. A primeira descreve a atividade, a segunda o produto da atividade. A divisão do trabalho, continuam Marx e Engels, gera a contradição entre o interesse do indivíduo e o interesse coletivo de todos os indivíduos que estão em relação entre si. É justamente a contradição entre o interesse particular e o interesse coletivo que leva o interesse coletivo a assumir, enquanto Estado, uma forma independente, separada dos interesses reais do indivíduo[67]. Daí a concepção negativa que Marx tem do Estado e a sua afirmação de que todo poder político é apenas a organização do poder de uma classe para a opressão de outra[68].

Em outras palavras, e como observa Bobbio com a limpidez de sempre, para Marx o Estado não representa um momento positivo na vida do homem, como o é, por exemplo, para Platão, Aristóteles, Leibniz, Kant ou Hegel. Marx tem do Estado uma *concepção técnica* e não ética. O Estado é um instrumento de domínio e o que interessa analiticamente

65. KARL MARX, *Early Writings*, cit., p. 31.

66. NORBERTO BOBBIO, *La Teoria delle Forme di Governo nella Storia del Pensiero Politico*, cit., p. 63.

67. KARL MARX/FRIEDRICH ENGELS, *L'Ideologie Allemande* (trad. de Renée Cartelle e Gilbert Badia), Paris: Ed. Sociales, 1974, p. 67.

68. KARL MARX/FRIEDRICH ENGELS, *Communist Manifesto* (ed. apresentada por Harold J. Laski), London: Allen and Unwin, 1969, II, p. 146.

a Marx, Engels e Lenin é a relação real de poder existen
entre classe dominante e classes dominadas. O Estado não
o fim da guerra de todos contra todos, mas sim a sua perp
tuação. Todo Estado se baseia na força e a emancipação (
homem e o reino da liberdade só surgirão com o seu desap
recimento e com o concomitante fim da divisão da socieda
em classes[69]. Como diz Marx nas páginas finais do tercei
volume de *O Capital*, o reino da liberdade começa apenas
partir do momento em que cessa o trabalho ditado pela nece
sidade, situando-se, portanto, além da esfera da produç
material propriamente dita. Marx reconhece que o impér
da necessidade se alarga com a história porque as neces
dades se multiplicam ao mesmo tempo em que se desenvol
o processo produtivo para as satisfazer. É por isso que, i
parágrafo anterior ele afirma a necessidade de certo *quantu*
de sobretrabalho — o que, no processo capitalista, se cham
acumulação — para se alargar o processo de reprodução e
função do desenvolvimento das necessidades e do crescimen
da população. Entretanto, diz Marx, no domínio da produç
a liberdade só pode consistir no seguinte: os produtores ass
ciados — o homem socializado — regulamentam de manei
racional as suas trocas orgânicas com a natureza, submetendo-
a um controle comum, em vez de serem dominados pelas forç
cegas destas trocas; eles, os homens, realizarão isto gastanc
o mínimo possível de energia, nas condições as mais digna
as mais conformes à natureza humana. O reino da necessida
no entanto, não deixa de subsistir. É além dele que começa
plenitude das potencialidades humanas, que é o seu fim pr
prio: o verdadeiro reino da liberdade que, no entanto, só po

69. NORBERTO BOBBIO, *La Teoria delle Forme di Gover*
nella Storia del Pensiero Politico, cit., pp. 63, 185-200.

florescer se fundado neste reino da necessidade. A redução da jornada de trabalho é a condição fundamental desta liberação[70].

Assim como não foi possível, no âmbito deste trabalho, discutir o tema do livre-arbítrio, não cabe igualmente discutir em profundidade se as economias de mercado ou as centralmente planificadas têm ou não condições de propiciar uma sociedade na qual as liberdades formais coincidam com as reais. Sobre esta temática, que foi, aliás, entre nós objeto de recente e importante livro de Hélio Jaguaribe — *Introdução ao Desenvolvimento Social* — *As Perspectivas Liberal e Marxista e os Problemas da Sociedade Não-repressiva* (1978) — o que é importante mencionar é que, se de um lado o capitalismo até o presente momento não resolveu adequadamente, sobretudo no Brasil, o problema da igualdade, não é menos verdade que os países comunistas — como mostraram Duverger e Bobbio — também não encaminharam, até os dias de hoje, o problema da liberdade[71]. Em outras palavras, e sem entrar no exame do problema de como transpor, com um mínimo de igualitarismo, o umbral da necessidade — sem o que permanecem os impedimentos ao uso das capacidades humanas — o que importa realçar é que, até mesmo se se adotar, *ad argumentandum*, uma ótica socialista, não há como confundir *liberação* e *liberdade*. De fato, uma coisa é a liberação da necessidade como condição para o exercício da liberdade, outra é a *constitutio libertatis*.

---

70. KARL MARX, *Le Capital* — III — in *Oeuvres — Économie* (ed. Maximilien Rubel), Paris: Gallimard, 1968, vol. II, pp. 1486, 1487, 1488.

71. NORBERTO BOBBIO, *Quale Socialismo?* (5ª ed.), Torino: Einaudi, 1976; MAURICE DUVERGER, *Lettre Ouverte aux Socialistes*, Paris: Albin Michel, 1976.

A auto-regulação dos produtores de que falava Mar exige um controle comum, e este controle comum reque instituições. A prática histórica revela que, ao contrário d que previram Marx e Engels no *Manifesto*, o poder público nã perde o seu caráter político quando toda a produção se cor centra hipoteticamente nas mãos de uma vasta associação d toda a nação[72]. Na lição de Bobbio: não se evita o problem de *como* se governa realçando apenas a dimensão de *quer* governa (de poucos burgueses para as massas operárias). Com o Estado permanece e o poder político também, o problem do seu controle e de suas instituições precisa ser discutido[73] Este fato confirma que, no século XX, depois da Revoluçã Russa e da implantação de regimes comunistas, a discussã da liberdade continua transitando pela análise das forma de governo.

7.

Marx e Engels entendiam que a esfera da política é a d força. Por isso, são "realistas" na sua análise do poder e d Estado, integrando uma corrente de pensamento cuja primeir formulação mais precisa se encontra nas palavras de Trasímac – um dos participantes do diálogo platônico *A República* Essa corrente, que no mundo moderno aparece explicitad em *O Príncipe*, de Maquiavel, e em Hobbes, considera a forç o fator mais importante na sociedade humana. Por isso, ider tifica a justiça como a vantagem do mais forte[74].

72. KARL MARX/FRIEDRICH ENGELS, *Communist Man festo*, cit., II, p. 146.

73. NORBERTO BOBBIO, *Quale Socialismo?*, cit., p. IX.

74. PLATÃO, *La Republique*, Livro I – 338-c, in *Oeuvre Complètes* (trad. de León Robin), cit., vol. I, p. 873; ALESSANDR

O realismo da preocupação com as relações de força existentes num dado momento numa sociedade, fez com que Marx e Engels sempre se colocassem analiticamente o problema do sujeito histórico da força, individuado em classes[75], ao apontarem de que maneira, no seu entender, em sucessivos momentos, o Estado aparece como o despotismo de uma classe em relação a outras[76].

Daí o empenho permanente das correntes marxistas de desmascararem o interesse de classe que se encontra atrás do "interesse geral" do Estado[77].

Esta vocação realista na análise das formas históricas de governo coexiste em Marx — ao contrário do que ocorre com a maior parte dos que enxergam a política como força — com uma expectativa otimista em relação à natureza humana e às possibilidades de transformação da sociedade[78], quando esta for conduzida pelo proletariado, entendido como a classe que pela sua universalidade detém o sentido da história[79]. Esta confiança no proletariado levou Marx e Engels, em matéria de governo, a se preocuparem essencialmente com *quem* governa. O Estado será bem ou mal conduzido em função de *quem* detém

---

PASSÉRIN D'ENTRÈVES, *La Notion de l'État*, Paris: Sirey, 1969, Introdução, Parte I, pp. 19-81.

75. NORBERTO BOBBIO, *Quale Socialismo?*, cit., p. 37.

76. NORBERTO BOBBIO, *La Teoria delle Forme di Governo nella Storia del Pensiero Politico*, cit., p. 188.

77. NORBERTO BOBBIO, *Quale Socialismo?*, cit., p. 40.

78. NORBERTO BOBBIO, *Quale Socialismo?*, cit., p. 39.

79. SERGIO COTTA, "Phénomenologie de la Legitimité" in loc. cit., p. 83; GEORG LUKACS, *Histoire et Conscience de Classe* (trad. de K. Axelos e J. Bois), Paris: Minuit, 1960, passim.

as rédeas do poder[80]. Como, quem deve governar, pela su universalidade, é o proletariado, a dimensão realista do ma xismo conduziu, em matéria de teoria política, a uma reflexa sobre as formas pelas quais o poder pode ser conquistado pe proletariado. É por essa razão, e tendo em vista as caract rísticas do Estado Moderno, que se pode dizer, com Bobbi que a grande contribuição do marxismo à política é o ten do partido[81].

A originalidade do socialismo reformista da social-dem cracia européia é o partido de massas, cujas tendências oligá quicas Robert Michels criticou; a originalidade do socialisn revolucionário é o partido de vanguarda proposto por Len e cujo potencial antidemocrático Rosa Luxemburgo apont desde o primeiro momento[82]. Não é, aliás, acidental, ten em vista a dimensão realista do marxismo, que um dos ma importantes textos de Gramsci tenha sido uma grande reflex sobre o partido político visto como uma adaptação ao mun contemporâneo do príncipe maquiavélico[83].

Espontaneidade e organização, partidos e classes são temas em torno dos quais gira a reflexão marxista sobre partido. Estes temas, no entanto, não dizem respeito à estr tura da organização estatal, mas sim aos meios mais adequad para conquistar o poder[84]. Adquirido o poder, a forma de g

80. NORBERTO BOBBIO, *Quale Socialismo?*, cit. pp. 38/3

81. NORBERTO BOBBIO, *Quale Socialismo?*, cit., p. 7.

82. NORBERTO BOBBIO, *Quale Socialismo?*, cit., p. 8; ROBEF MICHELS, *Political Parties* (trad. Eden and Ceder Paul), N. York: Dov 1959; ROSA LUXEMBURGO, *The Russian Revolution and Leninis and Marxism*, Ann Arbour: The University of Michigan Press, 196

83. ANTONIO GRAMSCI, *Note sul Macchiavelli, sulla Polit e sullo Stato Moderno* (6ª ed.), Torino: Einaudi, 1966.

84. NORBERTO BOBBIO, *Quale Socialismo?*, cit., p. 7.

verno proposta por Marx para encaminhar a dissolução das classes e a transição para o socialismo é a ditadura do proletariado[85].

Historicamente, o termo ditadura aparece em Roma como uma magistratura extraordinária de natureza constitucional, com duração limitada. O poder do ditador é apenas o executivo, cabendo a ele suspender momentaneamente, em virtude de um estado de necessidade, as leis, mas não modificá-las. É da ditadura romana que provém a origem das medidas de emergência do constitucionalismo moderno, como o estado-de-sítio, que são vistas como uma resposta, limitada no tempo, a uma situação de crise. Não é esta, evidentemente, a ditadura proposta por Marx que, inspirado na Revolução Francesa, cogita de uma ditadura jacobina, soberana e constituinte, que Lenin implantou por meio de um partido de vanguarda[86].

Um Estado gerido por uma ditadura do proletariado e sobrecarregado de funções, provocadas por exigências igualitárias, não pode, no entanto, conforme mostrou a experiência da Revolução Russa, ser democratizado apenas através de fórmulas de confraternização preconizadas por Marx na sua reflexão sobre a Comuna de Paris e retomadas por Lenin em

---

85. KARL MARX, carta a Joseph Weydemeyer de 5 de março de 1952, reproduzida em MARX AND ENGELS, *Basic Writings on Politics and Philosophy* (edited by Lewis S. Feuer), N. York: Anchor Books, 1959, p. 457.

86. Cf. CLINTON ROSSITER, *Constitutional Dictatorship*, Princeton: Princeton University Press, 1948; CARL SCHMITT, *La Ditadura* (trad. de José Diaz Garcia), Madrid: Revista de Ocidente, 1968; NORBERTO BOBBIO, *La Teoria delle Forme di Governo nella Storia del Pensiero Politico*, cit. pp. 201-211; MANUEL GONÇALVES FERREIRA FILHO, *O Estado de Sítio*, São Paulo, 1964, pp. 31 e seguintes.

O Estado e a Revolução[87]. Daí, na experiência soviética, a conversão do partido no Estado e a razão pela qual foi *O que fazer?*, de Lenin, e não *O Estado e a Revolução* a obra que veio a ter vigência na praxis marxista. Nos vaticínios e previsões sobre o século XX, como lembra Bobbio, foi Max Weber e não Marx quem identificou a dimensão real do fenômeno da burocratização[88].

Em síntese, a ditadura do proletariado não é uma instituição apta a encaminhar o problema do bom governo e das liberdades reais, que não surgem com a mera mudança dos detentores do poder. Uma ditadura jacobina, soberana e constituinte, conduzida por um partido de vanguarda, tende na melhor das hipóteses a se converter em despotismo esclarecido e, na pior, em tirania[89], – ambos impeditivos da liberdade antiga e da liberdade moderna. O modo como o poder é conquistado não tem se evidenciado como irrelevante para a forma pela qual ele passa a ser exercido[90], pois, como já lembrava Políbio – o grande formulador da teoria do governo misto – o início não é apenas a metade do todo, como reza o provérbio grego, mas alcança e vincula o término, devendo por isso mesmo os autores e leitores de uma história universal prestar toda a sua atenção ao começo[91].

---

87. Cf. E. H. CARR, *The Russian Revolution – From Lenin to Stalin*, N. York: Free Press, 1979.

88. NORBERTO BOBBIO, *Quale Socialismo?*, cit., pp. 35/36, 47.

89. NORBERTO BOBBIO, *Quale Socialismo?*, cit., pp. XII, 55; *La Teoria delle Forme di Governo nella Storia del Pensiero Politico*, cit., pp. 206-211.

90. NORBERTO BOBBIO, *Quale Socialismo?*, cit., p. 13.

91. POLYBE, *Histoire* (trad. Dénis Roussel), Paris: Gallimard, 1970 – Livro II, Cap. II, p. 398.

8.

Esta incursão nas conseqüências do partido e da ditadura do proletariado enquanto praxis política do marxismo, teve como objetivo insistir na distinção entre *liberação* da necessidade e *liberdade*, para realçar que a *constitutio libertatis* sempre transita pela discussão das formas de governo, do papel do Direito e da estrutura do Estado. Os modos por meio dos quais o poder é exercido numa sociedade são também um problema institucional, para cuja solução e encaminhamento é fundamental transpor o marxismo e retomar a rica tradição do pensamento liberal. Locke, Montesquieu, Kant, Benjamin Constant, Tocqueville, têm mais a dizer sobre como organizar o Estado do que a tradição do pensamento socialista[92].

Entre a democracia direta — da auto-regulação dos produtores, com a qual acena Marx — e a democracia representativa da tradição liberal, não existe um corte, mas um *continuum*[93], que exige novas regras de procedimento para permitir que as decisões substantivas que interessam a todos — e por isso são coletivas — sejam tomadas pela coletividade[94]. Do ponto de vista da liberdade — antiga e moderna — não existe modelo alternativo ao modelo de organização política do Estado de Direito, que prevê a existência de um Legislativo e de um Judiciário, independentes do Executivo. Não se conhece regime que, tendo suprimido o Parlamento e o Judiciário, tenha mantido a liberdade formal ou tenha alcan-

---

92. NORBERTO BOBBIO, *Quale Socialismo?*, cit., p. 27.
93. NORBERTO BOBBIO, *Quale Socialismo?*, cit., p. 88.
94. NORBERTO BOBBIO, *Quale Socialismo?*, cit., p. 72.

çado a real[95]. O *referendum* ou as *comunidades de base*, pa dar dois exemplos de institutos possíveis da democracia diret são um útil corretivo da democracia representativa, mas nã têm como substituí-la[96]. O funcionamento do Congresso e suas comissões, a relação entre o Executivo e o Legislativ a organização do setor estatal produtivo, o direito de ass ciação e a organização sindical, as relações entre o poder loc e o poder central, a fiscalização das contas públicas, o sisten eleitoral, o alcance da ação popular, o papel do ministér público, a ampliação da participação para *loci* diversos d estritamente políticos, eis alguns temas de natureza instituci nal que só podem ser adequadamente encaminhados se, se desconsiderar o "realismo político", se levar em conta a tr dição do pensamento liberal[97].

Não é irrelevante, neste contexto, apontar que es tradição permitiu que o valor positivo, que hoje se atrib à democracia, resultasse tanto da extensão do sufrágio e entrada em cena dos partidos de massa, quanto do desenv vimento do movimento operário. Ambos, em conjunto, ev denciaram para o mundo contemporâneo a necessidade reformar o Estado e a sociedade. São estes fenômenos que apontam que a democracia é praticável e que a ela chega antes através do poder que nasce de baixo para cim do que da força, que se exerce de cima para baixo por qua

95. NORBERTO BOBBIO, *Quale Socialismo?*, cit., pp. 54/5 58; MAURICE DUVERGER, *Lettre Ouverte aux Socialistes*, cit.

96. NORBERTO BOBBIO, *Quale Socialismo?*, cit., p. 59

97. NORBERTO BOBBIO, *Quale Socialismo?*, cit., pp. 93, 9 100; WOLFGANG FRIEDMANN, *The State and the Rule of Law in Mixed Economy*, London: Stevens and Sons, 1971.

quer vanguarda, ainda que "ilustrada"[98]. A democracia é, neste sentido algo difícil — mais difícil do que a estatização dos meios de produção — pois subverte a concepção tradicional de poder (político, econômico, paterno, cultural e sacerdotal) ao buscar eliminar as relações verticais[99], e ao fundamentar a autoridade no consenso do agir conjunto. Apesar destas dificuldades, acredito que a democracia é um valor que justifica e motiva a ação.

Todo valor contém, entre as suas características básicas, a *realizabilidade* e a *inexauribilidade*. A primeira confere à função axiológica uma dimensão real no bojo da experiência histórica. A segunda indica como a história não é a expressão fechada, mas sim aberta às possibilidades da atividade humana em cada momento particular do tempo. É por isso, como diz Miguel Reale, que a realidade revela, mas não esgota o valor[100]. A democracia, conforme procurei apontar no correr deste trabalho, é um valor realizável e inexaurível, que pode ser fundamentado por três ordens de razões, que Bobbio enumera:

Do ponto de vista *ético*, o método democrático tende a permitir a atuação do princípio de autonomia, ao ensejar a elaboração das normas pelos seus próprios destinatários. Neste sentido, a democracia está intimamente associada à liberdade antiga.

---

98. NORBERTO BOBBIO, *Quale Socialismo?*, cit., p. 76.

99. NORBERTO BOBBIO, *Quale Socialismo?*, cit., p. 53.

100. MIGUEL REALE, *Filosofia do Direito* (8ª ed., revista), São Paulo: Saraiva, 1978, vol. I, p. 207; *Pluralismo e Liberdade*, cit., pp. 285-296; RENATO CIRELL CZERNA, "Reflexões Didáticas Preliminares à Tridimensionalidade Dinâmica na "Filosofia do Direito", in TEÓFILO CAVALCANTI (organizador), *Estudos em Homenagem a Miguel Reale*, São Paulo: Revista dos Tribunais, 1977, pp. 55-64.

Do ponto de vista *político*, a democracia é o melhor método contra o abuso de poder, pois se o poder, como dizia Lord Acton, tende a corromper, o poder absoluto corrompe absolutamente. É nisto que reside a sabedoria institucional do governo misto e do Estado de Direito, o acordo e o respeito às regras de procedimento, a defesa das minorias e o princípio da maioria, sem os quais não se tutela a liberdade moderna.

Finalmente, entendo que do ponto de vista *utilitário* o melhor intérprete do interesse coletivo é a própria coletividade, uma vez que todos têm a *politiké techné* mencionada por Protágoras[101].

9.

Giambattista Vico, ao discutir, no início do século XVIII, o método de estudo dos tempos modernos, procurou resgatar a relevância, para certas áreas do agir humano, dos métodos antigos, notadamente da prudência. Salientou ele que a prudência é necessária para a vida civil pois as coisas humanas são dominadas pela conjuntura e pela escolha – ambas incertas. Nos campos onde a prudência civil prevalece – ao contrário do que ocorre no da ciência – na análise de um fato deve-se topicamente investigar o maior número possível de causas para, a seguir, conjecturar-se qual entre estas múltiplas causas é a verdadeira[102]. O Direito e a Política, pelas razões vistas,

101. NORBERTO BOBBIO, *Quale Socialismo?*, cit., pp. 77, 78/79.

102. GIAMBATTISTA VICO, "Il Metodo degli Studi del Tempo Nostro" in *Opere* (a cura di Fausto Nicolini), Milano: Ricciardi, 1953, pp. 192-193.

neste trabalho, não se incluem no conhecer do caminho de mão-única da evidência, mas no diálogo com os outros, na intersubjetividade do mundo da prudência.

Esta prudência, Vico, ao analisar o papel do Direito entre os romanos, definiu, ao discutir os jurisconsultos romanos enquanto pessoas que punham todo o saber na prática das leis, como algo equivalente à sabedoria grega, ou seja: justiça e prudência civil aplicados na prática política como condição de conhecimento vivo da doutrina do Estado[103].

A prudência, que desde os romanos é atributo da profissão dos advogados, me permite, resumindo, concluir que a liberdade antiga de participação na elaboração da norma – que indica os caminhos da autonomia e da legitimidade consensual e democrática – e a liberdade moderna – que estipula limites à invasão e à interferência do todo político-social em relação ao indivíduo – são valores fundamentais que motivam e justificam a ação.

Tanto a liberdade antiga, quanto a moderna, só podem florescer em comunidades que regularam adequadamente a interação subjetiva de seus membros. Neste sentido, ambas transitam pela discussão das formas de governo, do papel do Direito e da estrutura do Estado como condição para a sua tutela jurídica. Por outro lado, a liberação da necessidade, que é uma condição para o exercício da liberdade, não traz automaticamente a *constitutio libertatis*, que sempre exige mecanismos institucionais próprios.

É por essa razão que, no espaço que se abre entre o *ser* da situação em que se vive e o *dever ser* da democracia, é missão

103. GIAMBATTISTA VICO, "Il Metodo degli Studi del Tempo Nostro", in *op. cit.*, pp. 208, 209 e 210.

dos advogados, como herdeiros da *prudentia juris*, propiciar os *consilia* institucionais e jurídicos que encaminhem e assegurem a realizabilidade dos valores tanto da liberdade antiga quanto da moderna.

2. FILOSOFIA DO DIREITO E FILOSOFIA POLÍTICA – NOTAS SOBRE A DEFESA DA LIBERDADE NO PERCURSO INTELECTUAL DE NORBERTO BOBBIO*

Norberto Bobbio nasceu em Turim (Itália) em 1909. Estudou Direito e Filosofia, tendo sido aluno e discípulo de Gioele Solari (1872-1952), o eminente historiador de Filosofia Jurídica e Política. Foi professor nas Universidades de Siena (1938-1940) e Pádua (1940-1948), até assumir, em 1948, a cátedra de Filosofia do Direito na Universidade de Turim, da qual acaba de aposentar-se.

A Teoria das Formas de Governo na História do Pensamento Político é sua primeira obra publicada na íntegra no Brasil. Daí a conveniência de oferecer ao leitor brasileiro algumas indicações a respeito de como esta obra se insere no pensamento de Bobbio – um homem, conforme apontou com justa pertinência Guido Fassò, atento aos mais vivos e novos problemas de nosso tempo, que vem examinando, por força de um temperamento racional, com um rigor intelectual e uma limpidez expositiva verdadeiramente admiráveis[1].

---

* Este ensaio foi escrito em abril/maio de 1980, a pedido da Editora da Universidade de Brasília para servir de prefácio à edição em português, que a Editora está promovendo, do livro de Norberto Bobbio: *A Teoria das Formas de Governo na História do Pensamento Político.*

1. Cf. ASTÉRIO CAMPOS, *O Pensamento Jurídico de Norberto Bobbio*, S. Paulo: Saraiva, 1966, cap. I; GUIDO FASSÒ, *Storia della*

1.

A Teoria das Formas de Governo na História do Pensamento Político foi o curso dado por Bobbio na Universidade de Turim, no ano acadêmico de 1975/76. Creio, por isso mesmo, que as primeiras indicações sobre esta obra podem se encontradas no programa de trabalho que Bobbio se traçou enquanto professor de Filosofia do Direito.

Num ensaio de 1962, posteriormente inserido en *Giusnaturalismo e Positivismo Giuridico*, Bobbio aponta qu os seus cursos universitários obedeciam a três ordens de inda gações, que constituiriam as três partes em função das quais organizaria um tratado de Filosofia do Direito.

A primeira parte é a *Teoria do Direito*. Para Bobbio, problema fundamental da Teoria do Direito é a determina ção do conceito de Direito e a diferenciação do fenômen jurídico de outros fenômenos, como a moral e o costume Em matéria de Teoria do Direito Bobbio realça o *normati vismo*, vendo o Direito como um conjunto de normas a seren estudadas sistematicamente por meio do conceito de ordena mento jurídico.

O estudo do ordenamento jurídico compreenderia (i) a *composição* do ordenamento, ou seja, o conceito de no mas e os seus vários tipos; (ii) a *formação* do ordenamento ou seja, a teoria das fontes do Direito; (iii) a *unidade* do orde namento, ou seja, o problema da hierarquia das normas; (iv) *inteireza* do ordenamento, ou seja, o problema das lacunas de sua integração; (v) a *coerência* do ordenamento enquant sistema, ou seja, o problema das antinomias e da sua elimi nação; e (vi) finalmente, as relações espaciais, materiais

Filosofia del Diritto, vol. III: *Ottocento e Novecento*, Bologna: Il Mulino 1970, pp. 410-412.

temporais derivadas do interrelacionamento entre ordenamentos que ensejam o problema do *reenvio*[2].

Nesta reflexão ontológica sobre o Direito, a ênfase dada por Bobbio à norma aproxima-o de algumas correntes do positivismo jurídico e de autores como Kelsen, Hart e Ross, aos quais se iguala em rigor analítico. São testemunhos do seu esforço nesta linha o curso de 1958 sobre a teoria da norma jurídica e o de 1960 sobre a teoria do ordenamento jurídico, bem como uma série imensa de artigos e trabalhos em parte recolhidos nos livros *Studi per una Teoria Generale del Diritto* (1970) e *Dalla Struttura alla Funzione – Nuovi Studi di Teoria del Diritto* (1977)[3].

Bobbio salienta que existem três pontos de vista a partir dos quais se pode avaliar uma norma: o da justiça, o da validade e o da eficácia. É por isso que, para ele, a experiência jurídica, na sua inteireza, deve levar em conta as idéias de justiça a realizar, as normas que as exprimem e a ação e reação dos homens em relação a estas idéias e a estas normas[4]. A opção de Bobbio pelo normativismo em matéria de Teoria do Direito não significa, portanto, uma visão reducionista da experiência jurídica. Ele não identifica a lei com a justiça, nem desconsidera a reação dos homens enquanto destinatários

2. NORBERTO BOBBIO, *Giusnaturalismo e Positivismo Giuridico*, (2ª ed.), Milano: Ed. di Comunità, 1972, pp. 46-47; *Teoria dell'Ordinamento Giuridico*, Torino: Giappichelli, 1960, cap. I, pp. 3-24.

3. NORBERTO BOBBIO, *Teoria della Norma Giuridica*, Torino: Giappichelli, 1958; *Teoria dell'Ordinamento Giuridico*, cit.; *Studi per una Teoria Generale del Diritto*, Torino: Giappichelli, 1970; *Dalla Struttura alla Funzione – Nuovi Studi di Teoria del Diritto*, Milano: Ed. di Comunità, 1977.

4. NORBERTO BOBBIO, *Teoria della Norma Giuridica*, cit., cap. I, pp. 35-70, particularmente, pp. 35 e 47; GUIDO FASSÒ, op. cit., pp. 411-412.

das normas. O normativismo, para Bobbio, significa apen que, tanto por uma exigência de rigor, quanto em função uma avaliação da *praxis* do Direito, o mundo do Direito um mundo em que a experiência se dá *sub specie legis* e i qual a distinção entre fatos juridicamente relevantes e irrel vantes encontra na norma um dos pressupostos do trabalh quotidiano dos operadores do Direito.

Em outras palavras, o normativismo não exaure a Fil sofia do Direito e, precisamente porque, para Bobbio, a l positiva não é justa pelo simples fato de ser lei e resultar uma convenção que deve ser cumprida ("pacta sunt servanda' é que a sua Teoria do Direito exige uma teoria da justi que não seja apenas formal[5]. Daí a razão de uma segun ordem de indagações, ou segunda parte, que orienta e inform a sua proposta pedagógica: a *teoria da justiça*.

Bobbio vê a *teoria da justiça* como uma área pou estudada e que requer não apenas uma reflexão analítica tipo daquela feita por Kelsen e Perelman[6], mas sim um estu que também passe pela história do Direito. Esse estudo ter como critério condutor o conceito de "justiça" entendi como um conjunto de valores, bens e interesses para cu proteção e incremento os homens se valem do Direito enquan técnica de convivência. Para Bobbio o ponto de partida des

5. NORBERTO BOBBIO, *Giusnaturalismo e Positivismo Giu dico*, cit., pp. 81-82, 88-89.

6. Cf. CH. PERELMAN, *La Giustizia* (trad. de Lilliana Rib prefácio de Norberto Bobbio), Torino: Giappichelli, 1959; CHAI PERELMAN, *Droit, Morale e Philosophie* (2ª ed., prefácio de Mich Villey), Paris: Lib. Générale de Droit et Jurisprudence, 1976; HAN KELSEN, *What is Justice? (Justice, Law and Politics in the Mirr of Science)*, Berkeley: University of California Press, 1957.

investigação é axiológico e sociológico, inclusive etnográfico, e é por isso que, ao contrário dos jusnaturalistas, a natureza do homem é o seu ponto de chegada e não de partida. Neste sentido, Bobbio é um historícista que combina a Deontologia (o que o Direito deve ser) com a Sociologia Jurídica (a evolução do Direito na sociedade e as relações entre o Direito e a sociedade)[7].

À falta de melhor termo, Bobbio denomina a terceira parte de *teoria da ciência jurídica*, nela inserindo o problema metodológico e o estudo dos modelos utilizados na percepção da experiência jurídica. Na sua indagação epistemológica, que é também histórica, indica ele como o modelo dos jusnaturalistas era o matemático; como o da escola histórica era a historiografia; como Jhering assume o modelo de história natural; como, com o positivismo lógico no campo jurídico, a ciência do Direito foi encarada do ângulo da teoria da linguagem; e assim por diante. Conclui que, diante da variedade de modelos e da dificuldade de ajustá-los à experiência jurídica concreta, o mais pertinente é inverter a rota e começar por uma análise dos tipos de argumentos que os juristas usam no seu trabalho quotidiano.

Esta preocupação com a *lógica legalis*[8] é o que aproxima Bobbio, nesta sua reflexão epistemológica e metodológica, não só da lógica jurídica moderna mas, também, de Perelman e da nova retórica; de Viehweg e da tópica; de Recasens Siches e da lógica do razoável; do Ascarelli dos estudos sobre

---

7. NORBERTO BOBBIO, *Giusnaturalismo e Positivismo Giuridico*, cit., pp. 47, 53, 55-58, 62-66.

8. NORBERTO BOBBIO, *Giusnaturalismo e Positivismo Giuridico*, cit., pp. 48, 54, 73.

a origem da dogmática jurídica e sobre a interpretação e, entre nós, de Tércio Sampaio Ferraz Jr. e da pragmática[9].

Bobbio, no seu já mencionado ensaio de 1962, também faz referência à história da Filosofia do Direito, que ele vê com alto útil e apaixonante no contexto de seu programa de trabalho, apontando que não concebe uma boa Teoria do Direito sem o conhecimento, por exemplo, de Grócio, Hobbes, Kant ou Hegel; uma boa teoria da justiça sem o Livro V da *Ética a Nicômaco*, de Aristóteles, e uma boa teoria da ciência jurídica sem Leibniz ou Jhering. Não aprecia ele, no entanto, as histórias de Filosofia do Direito enquanto elencos expositivos sumários de doutrinas heterogêneas.

Para Bobbio, igualmente, enquanto discípulo de Solari, o melhor modo de fazer história da Filosofia do Direito é refazer as doutrinas do passado, tema por tema, problema por problema, sem esquecer, no trato dos assuntos e argumentos

---

9. Cf. CH. PERELMAN, *Logique Juridique – Nouvelle Rhétorique*, Paris: Dalloz, 1976; THEODOR VIEHWEG, *Tópica e Jurisprudência* (trad. e prefácio de Tércio Sampaio Ferraz Jr.), Brasília: Departamento de Imprensa Nacional, 1979; LUIS RECASENS SICHES, *Experiencia Jurídica, Naturaleza de las Cosas y Lógica "Razonable"*, México: Fondo de Cultura Económica, UNAM, 1971; TULLIO ASCARELLI, "Hobbes et Leibniz et la Dogmatique Juridique", introdução a Th. Hobbes, *A Dialogue between a Philosopher and a Student of the Common Laws of England*, e G. W. Leibniz, *Specimen Quaestionum Philosophicarum ex iure Collectarum – De Casibus Perplexis – Doctrina Conditionum – De Legum Interpretatione*, Paris: Dalloz, 1966; NORBERTO BOBBIO, *Dalla Struttura alla Funzione – Nuovi Studi di Teoria del Diritto*, cit., pp. 217-274; TÉRCIO SAMPAIO FERRAZ JR., *Conceito de Sistema no Direito*, S. Paulo: Revista dos Tribunais, 1976; *Direito, Retórica e Comunicação*, S. Paulo: Saraiva, 1973; *A Ciência do Direito*, S. Paulo: Atlas, 1977.

os precedentes históricos[10]. Exemplos desta sua maneira de fazer história da Filosofia e história da Filosofia do Direito podem ser apreciados no seu curso, publicado em 1957 e revisto em 1969, sobre Direito e Estado no pensamento de Kant; no seu curso, publicado em 1963, sobre Locke e o Direito Natural; na coletânea de ensaios reunidos no livro *Da Hobbes a Marx* (1964) e também — que é o que interessa apontar — no curso sobre *A Teoria das Formas de Governo na História do Pensamento Político*[11].

Portanto, a primeira indicação a respeito desta obra é a de que ela se insere, coerentemente, num programa de trabalho pedagógico e numa determinada maneira de fazer a história da Filosofia esclarecer e permear as indagações a partir das quais Bobbio organiza o campo da Filosofia do Direito.

2.

A Teoria das Formas de Governo na História do Pensamento Político, como o próprio título indica, é um mergulho na Filosofia Política. Daí a pergunta: qual é, para Bobbio, a relação entre Filosofia Política e Filosofia do Direito, e como é que esta relação, uma vez explicitada, se ajusta à sua proposta pedagógica? A resposta a esta indagação permite

10. NORBERTO BOBBIO, *Giusnaturalismo e Positivismo Giuridico*, cit., pp. 48-49.

11. NORBERTO BOBBIO, *Diritto e Stato nel Pensiero di Emmanuele Kant* (2ª ed., revista e ampliada), Torino: Giappichelli, 1969; *Locke e il Diritto Naturale*, Torino: Giappichelli, 1963; *Da Hobbes a Marx — Saggi di Storia della Filosofia* (2ª ed.), Napoli: Morano, 1971; *La Teoria delle Forme di Governo nella Storia del Pensiero Politico*, Torino: Giappichelli, 1976.

oferecer uma segunda ordem de indicações a respeito da inser ção desta obra no percurso intelectual de Norberto Bobbio.

Como se sabe, o termo Filosofia do Direito é recente tendo se difundido na Europa nos últimos 150 anos. Um das muitas acepções do termo, diz Bobbio, é a que englob propostas sistemáticas de reforma da sociedade presente, con base em pressupostos, explícitos ou implícitos, tendo com objetivo realizar certos fins axiológicos, tais como: liberdade ordem, justiça, bem-estar, etc. Nesta acepção, a Filosofia d Direito confina com a Filosofia Política. Para a difusão dest acepção cabe dizer que muito contribuiu a estreita relaçã que se verificou entre a noção de Direito e a de Estado, ocos rida na Europa com o aparecimento do Estado Moderno[12] Tal relação, que provém da utilização do Direito como instru mento de governo e da conseqüente estatização das fonte de criação normativa, aparece, por exemplo, na história d Filosofia explicitada em Hobbes, autor que Bobbio estudo com grande interesse e acuidade, tendo preparado e pref ciado a edição italiana do *De Cive*[13].

A convergência entre Filosofia Política e Filosofia d Direito exige, para ser bem compreendida, uma discussã sobre o interrelacionamento entre o Direito e o Poder. Er estudo recente, Bobbio aponta a relevância das grandes dico tomias no percurso do conhecimento, mencionando entr outras: comunidade x sociedade, solidariedade orgânica x sol dariedade mecânica, estado de natureza x estado de socie dade civil.

12. NORBERTO BOBBIO, *Giusnaturalismo e Positivismo Giur dico*, cit., pp. 37-38.

13. NORBERTO BOBBIO, *Da Hobbes a Marx*, cit., pp. 11-74 TH. HOBBES, *Elementi Filosofici sul Cittadino* (edição preparada prefaciada por Norberto Bobbio), Torino: UTET, 1948.

No campo do Direito, diz Bobbio, a grande dicotomia é a que resulta da distinção entre Direito Privado e Direito Público[14]. É com base nesta distinção que se pode aferir de que maneira os juristas lidam com o fenômeno do poder. Para os juristas e jusfilósofos, que encaram o Direito a partir do Direito Privado, o Direito aparece kantianamente como um conjunto de relações intersubjetivas que se distinguem da classe geral das relações intersubjetivas pelo vínculo obrigatório que une os dois sujeitos. Nesta perspectiva, a força é vista como um *meio* de realizar o Direito através do mecanismo da sanção organizada[15]. Entretanto, para os juristas e jusfilósofos que encaram o Direito a partir do Direito Público, como é o caso de Santi-Romano, Kelsen, Bobbio — e entre nós de Miguel Reale — o que salta aos olhos é a existência do Estado como instituição[16]. Nesta perspectiva, que é a de quem encara a existência da pirâmide escalonada de normas a partir do seu vértice, o Direito aparece como um conjunto de normas que estabelecem competências e que permitem o exercício do poder, inclusive o poder de criar novas normas jurídicas[17].

Bobbio, no entanto, não analisa a pirâmide escalonada de normas *ex parte principis*, isto é, na perspectiva daqueles

14. NORBERTO BOBBIO, *Dalla Struttura alla Funzione — Nuovi Studi di Teoria del Diritto*, cit., pp. 145-149.

15. NORBERTO BOBBIO, *Dalla Struttura alla Funzione — Nuovi Studi di Teoria del Diritto*, cit., pp. 132-135; *Giusnaturalismo e Positivismo Giuridico*, cit., pp. 60-61; *Studi per una Teoria Generale del Diritto*, cit., p. 119; *Teoria della Norma Giuridica*, cit., p. 210; *Teoria dell'Ordinamento Giuridico*, cit., pp. 61-67.

16. NORBERTO BOBBIO, *Dalla Struttura alla Funzione — Nuovi Studi di Teoria del Diritto*, cit., pp. 165-215.

17. NORBERTO BOBBIO, *Teoria della Norma Giuridica*, cit., p. 210.

a quem as normas conferem poderes. Para esses, como el aponta em *A Teoria das Formas de Governo na História d Pensamento Político*, o tema recorrente é o da *discórdia*, a preocupação constante é a de evitar a desagregação da un dade do poder[18]. É por isso, por exemplo, que na Filosofi Política de Hobbes o Direito é concebido como instrument para instaurar uma rigorosa gramática de obediência[19]. Nã é este, no entanto, o ângulo de Bobbio, que encara as norma de organização do Estado, isto é, aquelas que tornam po sível a cooperação de indivíduos e grupos, cada um perse guindo no âmbito do Estado o seu papel específico, para u fim comum[20], *ex parte populi*.

Ex parte populi, o que interessa a Bobbio ressaltar são a tendências à institucionalização do poder no mundo contem porâneo, fenômeno que Miguel Reale vem denominando "juri fação" do poder[21]. Nesta perspectiva, Bobbio aponta que um das maneiras de distinguir a transformação do Estado absolu tista e arbitrário num Estado de Direito é a extensão do meca nismo de sanção, da base para o vértice da pirâmide jurídica isto é, dos cidadãos para os governantes. Este processo, qu assinala a passagem da irresponsabilidade para a responsab lidade jurídica de cargos, órgãos e funções e a substituiçã da força arbitrária por poderes juridicamente controlados

18. NORBERTO BOBBIO, *La Teoria delle Forme di Govern nella Storia del Pensiero Politico*, cit. p. 25.

19. NORBERTO BOBBIO, prefácio a Th. Hobbes, *Elemen Filosofici sul Cittadino*, edição citada, p. 26.

20. NORBERTO BOBBIO, *Dalla Struttura alla Funzione - Nuovi Studi di Teoria Generale del Diritto*, cit., pp. 118-128.

21. MIGUEL REALE, *Teoria do Direito e do Estado* (2ª ed. S. Paulo: Martins, 1960, pp. 76 e seguintes.

disciplinados, é uma das conquistas da técnica do Estado de Direito e da reflexão liberal[22].

Bobbio encara positivamente esta tendência à legalização do poder, pois, para ele, a legalidade é *qualidade do exercício do poder*, que interessa antes aos governados do que aos governantes, uma vez que impede a *tyrannia quoad exercitium*[23]. É por isso que ele examina a força como *conteúdo* da norma jurídica, identificando o problema da legalidade *ex parte populi* na determinação e verificação através do Direito de: (i) *quando* e em que condições o poder coativo da coletividade pode e deve ser exercido; (ii) como, ou seja, que pessoas podem e devem exercitá-lo; (iii) *como*, ou seja, quais os procedimentos que devem reger o exercício do poder por determinadas pessoas e em determinadas circunstâncias; e (iv) finalmente, *quanto* de força devem e podem dispor aqueles que, observando certos procedimentos, estão incumbidos de exercer, em determinadas circunstâncias, em nome da coletividade, o poder coativo[24].

Bobbio, no entanto, não é um normativista puro, à moda de Kelsen, que vê o Direito tão somente como um instrumento específico, sem função específica, isto é, apenas como uma forma de controle social, que se vale abstratamente da coerção organizada. Bobbio registra e reconhece a historicidade do papel do Direito e as funções de controle e estímulo que exerce numa dada sociedade, reconhecendo, ao mesmo tempo,

22. NORBERTO BOBBIO, *La Teoria della Norma Giuridica*, cit., pp. 211-212.
23. NORBERTO BOBBIO, *Studi per una Teoria Generale del Diritto*, cit., p. 83.
24. NORBERTO BOBBIO, *Studi per una Teoria Generale del Diritto*, cit., pp. 119, 128-129.

o impacto destas funções na elaboração histórica da Teor
do Direito. É neste sentido que, ao estudar a teoria de Kelse
sobre a estrutura interna do sistema jurídico, Bobbio apon
que ela resulta de uma reflexão sobre a complexa natureza c
organização do moderno Estado Constitucional, traduzind
no plano do Direito, a reflexão sociológica de Max Weber
respeito do processo de racionalização formal do poder estatal[2

O normativismo de Bobbio é, basicamente, uma exigê
cia de rigor, indispensável no momento da pesquisa. Ele co
sidera compatível esta exigência de rigor com uma concepçã
democrática de Estado, posto que vislumbra, numa das dime
sões do positivismo jurídico, uma ética de liberdade, de paz
de certeza. Creio não distorcer o seu pensamento ao afirm
que, num segundo momento, conceitualmente distinto no se
percurso — que é o da crítica das leis[26] — o rigor de seu norm
tivismo está a serviço da causa da liberdade. A este tema co
sagrou ele, na década de 1950, importantes ensaios, entre
quais me permito lembrar "Democrazia e Dittatura" e "Del
Libertà dei Moderni Comparata a quella dei Posteri".

Nesses ensaios ele chamou a atenção tanto para a libe
dade moderna enquanto não-impedimento e não-interferênc
do todo político-social em relação ao indivíduo, quanto pa
a liberdade antiga enquanto autonomia na aceitação da nom
elaborada por meio da participação do cidadão na vida públic
Nestas duas dimensões de liberdade Bobbio enxerga estad
desejáveis do homem que, no entanto, só surgem quanc
se cuida institucionalmente do problema do exercício do pode

25. NORBERTO BOBBIO, *Dalla Struttura alla Funzione
Nuovi Studi di Teoria Del Diritto*, cit., pp. 7, 13-121, 208-209, 210-21
26. NORBERTO BOBBIO, *Giusnaturalismo e Positivismo Giu
dico*, cit., pp. 125-126, 142-143.

O problema do exercício do poder, continua Bobbio nestes ensaios da década de 50, encontrou, historicamente, contribuições importantes na técnica jurídica e na agenda de preocupações do Estado Liberal que não podem ser desconsideradas em qualquer proposta significativa de reforma da sociedade[27]. Entretanto, em virtude de sua percepção sociológica das funções do Direito numa dada sociedade, a causa da liberdade e da reforma da sociedade exigiram de Bobbio que fosse além do tema técnico da validade da norma e da legalidade do poder, confrontando-se igualmente tanto com o problema da justificação do poder e do título para o seu exercício, quanto com a justiça das normas.

Para Bobbio, poder e norma são as duas faces da mesma moeda, existindo um evidente paralelismo entre os dois requisitos fundamentais da norma jurídica — justiça e validade — e os dois requisitos do poder — legitimidade e legalidade[28].

Este paralelismo conclusivo apontado por Bobbio permite chegar a uma segunda ordem de indicações a respeito de como *A Teoria das Formas de Governo na História do Pensamento Político* se insere no seu percurso intelectual. Como norma e poder no mundo moderno, são as duas faces da mesma moeda, existe uma convergência substantiva entre Filosofia Política e Filosofia do Direito. A Teoria do Direito, com a qual se ocupa Bobbio, enquanto teoria do ordenamento requer uma teoria do Estado. Ambas exigem uma teoria da justiça e da legitimidade, pois não existe uma cisão, mas um *continuum* entre forma e substância, uma vez que a legali-

27. Os dois ensaios encontram-se reproduzidos em ALESSANDRO PASSERIN D'ENTRÈVES (org.), *La Libertà Politica*, Milano: Ed. di Comunità, 1974, respectivamente pp. 43-53 e 67-99.

28. NORBERTO BOBBIO, *Studi per una Teoria Generale del Diritto*, cit., pp. 84-86.

dade remete à validade, a validade à legitimidade e a legitimidade à justiça, assim como, inversamente, a justiça fundamenta a legitimidade, a legitimidade fundamenta a validade e a validade fundamenta a legalidade na intersecção que se estabelece entre a linha do poder e a norma[29].

3.

A Teoria das Formas de Governo na História do Pensamento Político é, como já foi apontado, o curso dado por Norberto Bobbio no ano acadêmico de 1975/76. Data também de 1976 o seu livro Quale Socialismo?, que reúne trabalhos redigidos entre 1973 e 1976. Quale Socialismo? é um excelente exemplo daquilo que Bobbio denomina crítica ético-política, que ele vem conduzindo na forma de incisivas e bem formuladas perguntas em relação a certos temas para os quais não tem respostas definitivas[30]. Daí a conveniência de mais uma indagação para arrematar estas indicações a respeito de seu percurso intelectual.

Esta última indagação cifra-se, em síntese, no seguinte: qual é a relação entre Filosofia Jurídico-Política, tal como concebe Norberto Bobbio, e a sua crítica ético-política, exemplificada em Quale Socialismo?

Quale Socialismo? é um livro denso e qualquer resumo de seu conteúdo corre o risco de não fazer justiça à inteireza de seus argumentos. Com esta ressalva, arriscaria, no entanto, dizer que a tese central de Bobbio neste livro é a de que não

29. NORBERTO BOBBIO, Studi per una Teoria Generale del Diritto, cit., pp. 85-86.
30. NORBERTO BOBBIO, Giusnaturalismo e Positivismo Giuridico, cit., p. 126; Quale Socialismo?, cit., p. XVIII.

se evita, a partir de uma verdadeira ótica socialista, o problema de *como* se governa realçando apenas a dimensão de *quem* governa (de poucos burgueses para as massas operárias). Como, tanto o Estado, quanto o poder político continuam a perdurar nos regimes comunistas com a estatização dos meios de produção, é uma ilusão pensar que a ditadura do proletariado é um fenômeno efêmero.

A mudança de hegemonia, afirma Bobbio, não é suficiente para mudar a estrutura do poder e do Direito e o proletariado é, na melhor das hipóteses, um sujeito histórico. Por essa razão, a "ditadura do proletariado" não é uma instituição apta a resolver o problema do bom governo, que não se esgota com a mera mudança dos detentores do poder. Por isso, as metas de uma democracia socialista — entendida como uma democracia não-formal, mas substancial; não apenas política, mas também econômica; não só dos proprietários, mas de todos os produtores; não apenas representativa, mas também direta; não só parlamentar, mas de conselhos — exige a discussão e a proposta quanto a instituições político-jurídicas. É com base nesta colocação que Bobbio insiste na atualidade de uma das perguntas clássicas de Filosofia Política — "como se governa?" — "bem ou mal?". Bobbio afirma que, por mais pertinente que seja a pergunta sobre "quem governa?" — "poucos ou muitos?" — e a oportunidade de se discutir a afirmação de Marx e Engels, baseada no realismo político, de que, quem governa, governa em função dos interesses da classe dominante, é igualmente urgente cuidar do problema institucional e das formas de governo em qualquer proposta significativa de reforma da sociedade[31].

31. NORBERTO BOBBIO, *Quale Socialismo?*, cit., pp. IX, XI, XII, 12, 37-38.

Bobbio lembra que o socialismo enquanto aspiração de justiça, é um movimento que visa acabar não apenas com mais valia econômica, mas também assegurar a emancipação do homem de suas servidões. Essa liberação, para ser traduzida em liberdade, exige autonomia. No campo do Direito o conceito de autonomia é utilizado no sentido próprio de norma ou complexo de normas em relação às quais os criadores e os destinatários das normas se identificam. É o caso de esfera da autonomia privada — um contrato, por exemplo, bilateral ou plurilateral, em relação ao qual os que põem a regras e os que as devem seguir são as mesmas pessoas. É caso de um tratado no Direito das Gentes e é também o caso no campo do Direito Público, do ideal a que tende o Estado Moderno que se deseja democrático, e que se diferencia de um Estado autocrático precisamente pela menor prevalência da norma heterônoma. Neste sentido, como dizia Rousseau no *Contrato Social*, a liberdade enquanto autonomia consiste na obediência à lei que cada um se prescreveu[32]. Falta, para a prevalência da autonomia e da democracia, uma teoria do Estado Socialista. As indicações de Marx, Lenin ou de Gramsci são insuficientes neste sentido, uma vez que a ênfase maior da reflexão marxista sobre o poder gira em torno de como adquiri-lo — daí a teoria do partido — e não de como exercê-lo[33].

Torna-se evidente, à luz de alguns destes temas suscitados por Bobbio em *Quale Socialismo?*, a razão de seu interesse pelo estudo das formas de governo. De fato, ao refazer

32. NORBERTO BOBBIO, *Teoria della Norma Giuridica*, cit., pp. 103-104.

33. NORBERTO BOBBIO, *Quale Socialismo?*, cit., pp. 3, 80-81.

as doutrinas do passado, tema por tema, problema por problema, sem esquecer, no trato dos assuntos e argumentos os precedentes históricos, Bobbio procurou elementos sobre "como se pode bem exercer o poder" valendo-se desses elementos na sua crítica ético-política. *A Teoria das Formas de Governo na História do Pensamento Político* é, portanto, no plano da Filosofia Política, também uma preparação para a crítica ético-política de *Quale Socialismo?*, que parte não só da avaliação de que os abusos de poder, numa sociedade socialista, "sono altrettanto possibile che in una società capitalistica" mas, sobretudo, da assertiva de que a ditadura do proletariado não é o melhor invólucro do socialismo[34].

É por essa razão que, ao estudar as formas de governo enquanto modos de organização da vida coletiva, Bobbio, no seu curso, aponta não apenas a relevância do uso descritivo e sistemático das formas de governo como, também, o seu uso prescritivo e axiológico. É por essa razão, igualmente, que, ao resgatar a importância da discussão sobre as formas boas e más de governo, Bobbio aponta, na discussão sobre o governo misto — que remonta a Aristóteles e Políbio e transita por Maquiavel, Bodin, Montesquieu, Mably e Hegel — a existência de um tema recorrente na história do pensamento político, que deriva da exigência de um controle do poder[35] como condição da liberdade. Este controle, de acordo com Bobbio, pode apoiar-se no Direito enquanto técnica de convivência, apta a encaminhar, no mundo contemporâneo, a tutela de valores que se destinam a conduzir a reforma da sociedade.

---

34. NORBERTO BOBBIO, *Quale Socialismo?*, cit., pp. 32 e 81.
35. NORBERTO BOBBIO, *La Teoria delle Forme di Governo nella Storia del Pensiero Politico*, cit., pp. 2-4, 160 e passim.

Bobbio também chama a atenção, no seu curso, para o fato de que, na Idade Média, pouco se elaborou a teoria das formas de governo, aventando a hipótese de que, nessa época, como se pode ler em Isidoro de Sevilha (550-636), o Estado era visto como um mal necessário derivado da queda do homem. Daí o símbolo da espada e a salvação não pela *polis*, mas sim pela Igreja. Todas as formas de governo são más porque necessariamente despóticas, não existindo Estados bons ou maus. A dicotomia medieval era a relação Igreja e Estado, encontrando esta concepção negativa de Estado um paralelo moderno em Marx.

De fato, para os escritores católicos medievais, o momento positivo da vida na terra era a Igreja e não o Estado — como na tradição clássica — assim como, para Marx, o momento positivo não é o Estado, mas a futura sociedade sem classes e, portanto, sem Estado[36].

Numa concepção negativa de Estado a distinção entre formas de governo perde substância. Ora, como para Marx, o Estado não surge, como em Hobbes, para pôr termo à guerra de todos contra todos mas sim para perpetuá-la através da manutenção da divisão do trabalho, que perpetua a desigualdade, o Estado e o Direito sempre representam o despotismo de uma classe em relação a outras. É por isso que, para Marx, o despotismo se encarna no Estado, pois ele tem do Estado uma concepção técnica e realista, graças à qual ele o analisa como um instrumento de domínio[37], proveniente da divisão da sociedade em classes.

36. NORBERTO BOBBIO, *La Teoria delle Forme di Governo nella Storia del Pensiero Politico*, cit., pp. 59-64.

37. NORBERTO BOBBIO, *La Teoria delle Forme di Governo nella Storia del Pensiero Politico*, cit., pp. 63, 186-187-188-191.

Na tradição marxista, a obra mais completa sobre o Estado, lembra Bobbio no seu curso, é a de Engels, que, no entanto, cuida mais da formação histórica do Estado do que da organização do poder político[38]. É por essa razão que a tradição marxista é insuficiente para a elaboração de uma doutrina socialista do Estado. A super-avaliação das poucas indicações prospectivas sobre a vida coletiva, dadas por Marx na sua análise da Comuna de Paris, registra Bobbio em *Quale Socialismo?*, são uma prova da exigüidade da documentação sobre o tema do Estado na tradição do pensamento socialista, sobretudo quando comparada com a rica tradição do pensamento liberal. Um Estado sobrecarregado de funções, que geram inclusive uma multiplicidade de entidades dispersas que escapam aos controles clássicos, como se verifica na *praxis* do Estado contemporâneo, e que tende a perdurar, seja qual for o regime econômico, conclui Bobbio na sua crítica ético-política, não pode ser democratizado apenas através de fórmulas de confraternização do tipo das preconizadas por Marx e retomadas por Lenin em *O Estado e a Revolução*[39].

Daí a conveniência, para uma crítica ético-política baseada nestas perspectivas, de se retomar, no plano da Filosofia Política e Jurídica, o tema da tirania e do despotismo.

Bobbio, no seu curso, menciona, entre os tratados medievais sobre o tema, o *De regimine civitatis*, de Bártolo (1314-1357), no qual este introduz a distinção entre o *tyrannus ex parte exercitii*, isto é, aquele que é tirano porque exerce

38. NORBERTO BOBBIO, *La Teoria delle Forme di Governo nella Storia del Pensiero Politico*, cit., p. 186.

39. NORBERTO BOBBIO, *Quale Socialismo?*, cit., pp. 27-35 e 36. Cf. também MIGUEL REALE, *O Homem e seus Horizontes*, S. Paulo: Convívio, 1980, pp. 151-152.

abusivamente o poder, e o *tyrannus ex defectu tituli*, isto é, aquele que é tirano porque conquistou o poder sem ter direito. Esta distinção teve sucesso e o próprio Bobbio dela se vale para distinguir e diferenciar legalidade de legitimidade[40].

Bobbio também discute o *Tractatus de tyranno*, escrito no final do século XV por Colucio Salutati, em que este retoma a distinção de Bártolo e indica, como característica do *principatus despoticus*, aquela em que o rei governa no interesse próprio, adicionando a esta postura aristotélica a nota: como se os seus súditos fossem escravos[41] e não homens livres.

Entretanto, mais do que a discussão sobre o tema da tirania e do despotismo nos diversos autores que Bobbio examina, creio que importa mencionar, para os propósitos deste ensaio, os capítulos XI e XIV do curso intitulados, respectivamente e significativamente, *Intermezzo sul dispotismo* e *Intermezzo sulla dittatura*. Em ambos, Bobbio refaz as doutrinas do passado para poder encaminhar a crítica ético-política do presente, com os olhos voltados para o futuro.

No *intermezzo* sobre o despotismo, Bobbio aponta as continuidades e as descontinuidades entre Montesquieu e a tradição que o precede. O elemento de continuidade, em relação à categoria do despotismo, reside na delimitação histórica e geográfica desta forma de governo, que a tradição ocidental sempre localizou fora da Europa — na Ásia ou no Oriente. O elemento de descontinuidade é a originalidade de Montesquieu ao considerar o despotismo não como uma monarquia

---

40. NORBERTO BOBBIO, *La Teoria delle Forme di Governo nella Storia del Pensiero Político*, cit., p. 65; *Studi per una Teoria Generale del Diritto*, cit., p. 83.

41. NORBERTO BOBBIO, *La Teoria delle Forme di Governo nella Storia del Pensiero Politico*, cit., pp. 65-66.

degenerada, à maneira de Aristóteles, Maquiavel e Bodin, mas sim como uma forma autônoma de governo, explicável por uma série de variáveis, entre as quais se incluem o clima, o terreno, a extensão do território, a religião e a índole dos habitantes.

Até o século XVII, seja como monarquia degenerada, seja como categoria autônoma, o despotismo sempre foi encarado como uma forma negativa de governo. Entretanto, é nesta época que pela primeira vez na história do pensamento político surge, com os fisiocratas, uma avaliação positiva do despotismo. É a célebre tese do *despotismo esclarecido*, propugnada por François Quesnay (1694-1774); Pierre Samuel Dupont de Nemours (1739-1817) e Paul Pierre Mercier de la Rivière (1720-1793). Em síntese, para esses autores as leis positivas devem ser leis declaratórias da ordem natural, aplicadas por um príncipe ilustrado, pois apenas o governo de uma só pessoa pode se deixar guiar pela evidência racional[42], que segundo essa corrente é capaz de esclarecer e nortear a vida da comunidade política.

Se o despotismo até o século XVII sempre foi visto como uma forma degenerada de governo, o mesmo não se pode dizer da ditadura, que na sua origem romana, como lembra Bobbio no *intermezzo* final de seu curso, era uma magistratura constitucional extraordinária, que nada tinha a ver com o despotismo, pois a excepcionalidade dos poderes do ditador, proveniente de um estado de necessidade e não da história ou da geografia, tinha como contra-peso uma duração limitada. Classicamente, o poder do ditador era apenas o executivo. Ele podia suspender as leis, mas não modificá-las. Esta é a

---

42. NORBERTO BOBBIO, *La Teoria delle Forme di Governo nella Storia del Pensiero Politico*, cit., pp. 151-160.

acepção de ditadura tal como aparece, por exemplo, nas refle
xões e análises de Maquiavel, Bodin e Rousseau[43].

Este conceito de ditadura se altera com a Revoluçã
Francesa, quando se instaurou, como dirá Carl Schmitt, um
ditadura soberana e constituinte. Esta, na lição de Saint-Jus
e Robespierre, baseia-se na concomitância da virtude e d
terror, posto que o terror, sem a virtude, é funesto, e a vi
tude sem o terror é impotente. A ditadura jacobina, ao insisti
no terror, aproxima, pela primeira vez, o despotismo, carac
terizado, como dizia Montesquieu, pela igualdade diante d
medo, da ditadura.

A ditadura jacobina assinala também o desaparecimentε
da monocraticidade do poder, pois este não é mais, como n
tradição clássica, a magistratura de uma só pessoa, mas a dita
dura de um grupo revolucionário — no caso da França, a Comis
são de Salvação Pública. Esta dissociação entre o conceito d
ditadura e o conceito de poder monocrático indica, consoant
Bobbio, a passagem do uso clássico do conceito ao uso mai
xista, engeliano e leninista, que introduziram e divulgaran
a expressão "ditadura da burguesia" e "ditadura do prole
tariado", com isto entendendo o domínio exclusivo de um
só classe social[44].

Não é preciso lembrar que o medo e o terror que s
associaram ao conceito de ditadura jacobina deram a esta form
de governo uma conotação negativa, que se verifica hoje en
dia no uso quotidiano da palavra. Por outro lado, a dimensã
de virtude imprime ao termo a sua conotação positiva clás

43. NORBERTO BOBBIO, *La Teoria delle Forme di Govern*
nella Storia del Pensiero Politico, cit., pp. 201-206.

44. NORBERTO BOBBIO, *La Teoria delle Forme di Govern*
nella Storia del Pensiero Politico, cit., pp. 145, 206-208.

sica. Esta conotação positiva tem, como aponta Bobbio, um nexo com o despotismo esclarecido na medida em que, na sua vertente marxista-leninista, é uma forma de governo conduzida por uma vanguarda aparentemente iluminada por propósitos de virtude. Se existe um nexo com a tirania — e estas são as palavras finais de Bobbio no seu curso — este é um juízo que ele submete, hegelianamente, ao tribunal da história[45].

Se Bobbio, no seu curso, suspende o juízo, até mesmo por uma exigência de rigor explícita na sua proposta pedagógica, não é isto o que ele faz na sua crítica ético-política quando, em *Quale Socialismo?*, não hesita em dizer que, se ditadura é domínio discricionário e se esta não se reveste de uma natureza excepcional e provisória, o termo apropriado é despotismo, com todas as cargas negativas que esta forma de governo carrega na tradição da Filosofia Política[46]. Daí a insistência de Bobbio, enquanto liberal e socialista, na democracia enquanto forma de governo.

Diria, neste sentido, que a tradição do pensamento liberal — Locke, Kant, Benjamin Constant, Tocqueville — e as técnicas do Estado de Direito que inspiraram o normativismo convergem, na reflexão de Bobbio, no sentido de evidenciar que o exercício do poder, no bom governo, requer instituições disciplinadas pelo princípio da legalidade. Por outro lado, a tradição socialista de Bobbio o impele a insistir no aprofundamento e na extensão, *ex parte populi*, da legalidade, através da recuperação das instâncias democráticas da sociedade por meio de regras que permitam a participação de maior número

45. NORBERTO BOBBIO, *La Teoria delle Forme di Governo nella Storia del Pensiero Politico*, cit., p. 211.

46. NORBERTO BOBBIO, *Quale Socialismo?*, cit., pp. 55-56.

de cidadãos nas deliberações que os interessam, seja nos dive
sos níveis (municipal, regional, nacional), seja nos divers
loci (escola, trabalho, etc.).

Em síntese, para Bobbio o problema do desenvolvimen
da democracia no mundo contemporâneo não é apenas *que*
vota, mas *aonde* se vota e se delibera coletivamente, pois
no controle democrático do poder econômico que, segund
ele, se vencerá ou se perderá a batalha pela democracia soci
lista. Esta postura em prol da democracia, que é mais rev
lucionária do que a socialização dos meios de produção, pos
que subverte a concepção tradicional de poder, Bobbio a ju
tifica com argumentos históricos, éticos, políticos e utilitários

Bobbio aponta que hoje se atribui à democracia u
valor positivo, que contrasta com significativas correntes (
tradição clássica. Historicamente, este valor positivo resul
do desenvolvimento, a partir do século passado, no contex
institucional do Estado Liberal, do movimento operário, (
extensão do sufrágio e da entrada em cena dos partidos (
massa que, num processo de ação conjunta, evidenciara
as necessidades de reforma da sociedade.

Eticamente, Bobbio explica porque o método dem
crático tende a ativar a autonomia da norma aceita e, po
tanto, diminuir a heteronomia da norma imposta. Politic
mente, evoca ele a sabedoria institucional da democracia, q
enseja um controle dos governantes através da ação dos gove
nados, com isto institucionalizando um dos poucos remédi
válidos contra o abuso de poder. E, finalmente, a partir (
uma ótica utilitária, Bobbio reafirma a sua convicção de qu

47. NORBERTO BOBBIO, *Quale Socialismo?*, cit., pp. 27, 3
37, 38, 53, 85, 100; "Della Libertà dei Moderni Comparata a quel
dei Posteri" in loc. cit., pp. 67-99.

os melhores intérpretes do interesse coletivo são os próprios interessados[48].

Bobbio não ignora as dificuldades da democracia, porém insiste nos seus méritos, seja porque examina os problemas do Estado *ex parte populi*, vendo portanto como problema de fundo das formas de governo o da liberdade[49], seja porque, coerentemente com esta perspectiva, realça que as normas podem ser criadas de dois modos: autonomamente pelos seus próprios destinatários, ou heteronomamente por pessoas diversas dos destinatários. *Ex parte populi*, é evidente a razão pela qual Bobbio prefere a democracia enquanto processo de nomogênese jurídica, posto que se trata de uma forma de governo que privilegia uma concepção ascendente de poder graças à qual a comunidade política elabora as leis através de uma organização apropriada da vida coletiva. De fato, como diz Bobbio, democrático é o sistema de poder no qual as decisões que interessam a todos — e que por isso mesmo são coletivas — são tomadas por todos os membros que integram uma coletividade[50]. Isto, no entanto, não ocorre espontaneamente, sem uma organização apropriada que, por sua vez, requer regras de procedimentos. Daí o papel do Direito enquanto técnica de convivência indispensável para a reforma da sociedade.

Estes procedimentos que, enquanto legalidade, conferem qualidade ao exercício do poder, são indispensáveis, dada a relevância da relação entre meios e fins e o nexo estreito que existe entre procedimentos e resultados. O resultado da tortura, lembra Bobbio, pode ser a obtenção da verdade, entre-

48. NORBERTO BOBBIO, *Quale Socialismo?*, cit., pp. 76-79.

49. NORBERTO BOBBIO, *La Teoria delle Forme di Governo nella Storia del Pensiero Politico*, cit., p. 25.

50. NORBERTO BOBBIO, *Quale Socialismo?*, cit., pp. 70-72.

tanto trata-se de procedimento que desqualifica os resultado. Os meios, portanto, condicionam os fins e os fins, concl. Bobbio, só justificam os meios quando os meios não corrompem e desfiguram os fins almejados[51].

É neste sentido que se pode dizer que o rigor técnico do normativismo de Bobbio está a serviço da causa da liberdade na sua defesa de um socialismo democrático. De fato uma das notas importantes que o rigor técnico de Bobbio evidencia, no estudo dos ordenamentos jurídicos do Estado contemporâneo, é o fato de os ordenamentos obedecerem hoje em dia, a um princípio dinâmico, ou seja, as normas que os compõem mudam constantemente para enfrentar os desafios da conjuntura. É por essa razão que ele dá ênfase à distinção técnica entre normas primárias e normas secundárias. As normas primárias são as que prescrevem, proscrevem estimulam ou desestimulam comportamentos para a sociedade. Como elas estão em contínua transformação, torna-se cada vez mais relevante — ao contrário do que ocorre num Direito tradicional e sedimentado — estudar os procedimentos por meio dos quais estas normas são criadas e aplicadas. Daí a relevância do estudo das normas secundárias, isto é, das normas sobre normas, que são basicamente aquelas que tratam, ou da produção das normas primárias, ou do modo com as normas primárias são aplicadas. É, portanto, através das normas secundárias que se pode, numa compreensão moderna da legalidade, cuidar da qualidade dos procedimentos e do nexo positivo entre meios e fins[52].

51. NORBERTO BOBBIO, *Quale Socialismo?*, cit., pp. 4. 82-83.

52. NORBERTO BOBBIO, *Studi per una Teoria Generale de Diritto*, cit., pp. 175-197; *Dalla Struttura alla Funzione — Nuovi Stu.*

Por outro lado, afirma Bobbio, o modo como o poder é conquistado não é irrelevante para a forma pela qual ele será exercido[53], estabelecendo ele, desta maneira, o nexo entre a legalidade enquanto qualidade dos procedimentos e a legitimidade enquanto título para o exercício do poder. Já Políbio — o grande teórico do governo misto, que Bobbio analisa com muita finura no capítulo IV do seu curso — afirmava que o início não é apenas a metade do todo, como reza o provérbio grego, mas alcança e vincula o término[54]. Na expressiva afirmação de Guglielmo Ferrero, a legitimidade é uma ponte de natureza jurídica que se insere entre o poder e o medo para tornar as sociedades mais humanas[55]; se assim é, não há de ser pelo terror, ainda que imbuído de virtude, mas sim pelo consenso do agir conjunto, que se implantará, na visão de Bobbio, uma democracia socialista.

Esta postura de Bobbio, na sua crítica ético-política, quanto ao tema da legitimidade e da legalidade, resulta, creio eu, da firmeza de suas convicções liberais e da generosidade de sua militância socialista. Raymond Aron tem razão quando afirma que os liberais da linhagem de Tocqueville, entre os quais se inclui Bobbio, participam sem receio da empresa prometeica do futuro, esforçando-se para agir segundo as lições, por mais incertas que sejam, da experiência histórica, preferindo conformar-se com as verdades parciais que recolhem do

di Teoria del Diritto, cit., p. 172; Teoria dell'Ordinamento Giuridico, cit., pp. 34-39.

53. NORBERTO BOBBIO, Quale Socialismo?, cit., p. 13.

54. POLYBE, Histoire (trad. de Dénis Roussel), Paris: Gallimard, 1970 — Livro II, cap. II, p. 398.

55. JEAN JACQUES CHEVALIER, "La Légitimité selon G. Ferrero" in L'Idée de Légitimité — Annales de Philosophie Politique nº 7, Paris: PUF, 1967, p. 211.

que valer-se de falsas visões totais[56]. Já os socialistas dem
cráticos, como Bobbio, de extensos conhecimentos de Fil
sofia, não fazem parte daqueles que dizem: "É preciso tuc
destruir para a seguir recomeçar da estaca zero". Como afim
outra grande figura contemporânea da esquerda democrátic
Pierre Mendès-France, na conclusão de seu livro *La Vérì*
guidait leur Pas:

> On ne repart pas de zéro — ou alors on impose des cruautés
> des convulsions que nous avons le devoir d'épargner aux plus faibl
> et aux nouvelles générations. Et on perds du temps. Je suis imp
> tient[57].

Penso que, na defesa da causa da liberdade, a verda
guiou os passos de Bobbio — para concluir com o título c
livro de Mendès-France — no caminho que percorreu e qu
transita, conforme procurei mapear nestas notas, pela Fil
sofia do Direito, pela Filosofia Política e pela crítica étic
-política das leis. Um caminho em que o rigor da análise c
filósofo não impede o juízo do militante e a técnica do juris
não paralisa os esforços do cidadão para realizar os valor
da justiça.

56. RAYMOND ARON, *De la Condition Historique du Soc*
logue, Paris: Gallimard, 1971, pp. 64-65.

57. PIERRE MENDÈS-FRANCE, *La Vérité guidait leur P*
Paris: Gallimard, 1976, p. 258.

PARTE II

3. OS ESTADOS UNIDOS, A LIBERDADE E A DEMOCRACIA: UMA PERSPECTIVA BRASILEIRA*

1. DESENVOLVIMENTO ECONÔMICO E ESTABILIDADE POLÍTICA — DADOS E FATOS

O que me proponho fazer é uma análise necessariamente rápida do sistema político norte-americano, tentando ver como, a partir de uma perspectiva brasileira, alguns aspectos da experiência política americana merecem, na ótica da liberdade, estudo e realce. A primeira observação que gostaria de fazer gira em torno do seguinte ponto: os Estados Unidos ingressaram no terceiro século de sua existência independente com uma economia que representa 1/4 do produto mundial e cujas dimensões superam duas vezes a da União Soviética, mais de três vezes a do Japão e cerca de quatro vezes a da Alemanha Ocidental. A assim chamada diminuição do poder americano, da qual tanto se fala, representa, a meu ver, antes a recuperação econômica de países devastados pela Segunda Guerra, e também a emergência internacional de outros Estados — com a conseqüente e crescente complexidade das relações

---

* Versão revista de conferência pronunciada em 2 de novembro de 1976, na Universidade de Brasília, na "1ª Jornada de Estudos de Direito Americano".

79

internacionais – do que um declínio dos Estados Unidos, cuj
condição e situação, enquanto potência de maior grandez:
parecem estar assegurados no horizonte provável das próx
mas décadas.

Um indicador desta tendência, creio, é o dólar qu
apesar da crise do sistema monetário mundial, continua send
a moeda-chave das transações econômicas internacionai
A força do dólar provém precisamente do tamanho e do alcanc
da economia norte-americana, que tem tornado menos vant:
josa qualquer outra alternativa. Esse desempenho, conseqüêr
cia do aproveitamento das potencialidades norte-american:
no correr destes duzentos anos, indica que a trajetória des:
antiga colonia inglesa, a primeira nova nação a dar entrad
no concerto internacional, é uma trajetória de sucesso qu
explica o vigor da imagem do "fazer a América". Essa ber
sucedida gestão da sociedade norte-americana vem sendo op
rada no quadro de instituições vigorosas, que foram capaze
de transformar-se e adaptar-se sem rupturas constituciona
desde o Século XVIII. Trata-se, portanto, de um caso dc
mais significativos de desenvolvimento econômico comb
nado com desenvolvimento político, que sugere um exam
do regime político norte-americano, edificado nos term
da Declaração de Independência com a inspiração e a asp
ração de garantir aos seus cidadãos a vida, a liberdade e a busc
da felicidade.

2. ORIGENS

As raízes do regime norte-americano remontam à exp
riência de colonias autônomas e independentes, de diferent
credos religiosos, cujas pautas de conduta contribuíram pai

uma tolerância religiosa, política e econômica no contexto geográfico de um novo continente. Tal quadro criou condições para que a Revolução Americana, ao contrário da Francesa e, posteriormente, da Russa, não tivesse que enfrentar nem o absolutismo dos regimes europeus, de suas respectivas épocas, nem o reino da necessidade e da pobreza, já que a vida nos Estados Unidos, com exceção da nódoa da escravidão e suas seqüelas, viu-se assinalada por um amplo expectro de possibilidades, abertas à iniciativa individual dos seus habitantes.

Há, neste sentido, importante estudo de um professor norte-americano – Louis Hartz. Hartz aponta que os países colonizados pelos europeus, e marcados pela cultura européia, caracterizaram-se pela sua vivência do fragmento ideológico correspondente à fase da História européia da época em que foram colonizados. "O começo não é apenas metade do todo, mas alcança o fim", como diz Políbio, citado por Hannah Arendt. O fragmento americano, continua Hartz, a partir de uma observação de Tocqueville, deriva do fato de que os americanos nasceram iguais e, conseqüentemente, não conquistaram a igualdade. Este fenômeno resulta da ausência de um passado feudal e marca todo o pensamento político norte--americano, dando-lhe a característica do *consensus* lockeano. O padrão de política "whig", de jogar o povo contra a aristocracia, e vice-versa, aliando-se ora a um, ora a outro, não deu resultado pela ausência tanto de "aristocracia", quanto de "povo". Hartz ilustra bem este fenômeno pela análise do pensamento sulino anterior à guerra civil (pois o caráter burguês da aristocracia sulina não permitiu a construção de uma ideologia conservadora), bem como pelo estudo do "New Deal" (posto que a ausência de "povo", na tradição marxista, permitiu que o "New Deal" desenvolvesse um pragmatismo social, dentro do *consensus* americano, sem ter tido que enfrentar os ataques da esquerda — como por exemplo os liberais n. Inglaterra, ou os radicais na França).

Esta experiência é importante para a compreensão d. atitude norte-americana no mundo moderno, pois a tradiçã. liberal norte-americana em política externa tem assumid. dois caminhos: *isolacionismo* (mais típico dos republicanos. — que responde ao desejo de não-contaminação de uma elit. puritana que não quer corromper à "sociedade pura" — o. então o desejo de *transformar o mundo à sua imagem e seme. lhança* (mais típico dos democratas). Creio, por exemplo. que o Presidente Wilson e sua política externa, visando a ins. taurar a paz logo após a 1ª Guerra Mundial, hauria a sua forç. legitimadora dessa idéia bíblica de querer converter o mund. à especificidade da experiência norte-americana. De qualque. forma, este *consensus* lockeano, a que fiz referência; o fat. de os americanos terem nascido iguais e não terem tido a neces. sidade de conquistar a igualdade; a experiência, digamos assim. de uma revolução que se instaurou sem a experiência do abso. lutismo europeu e sem ter tido que enfrentar o problem. da miséria ou da necessidade em larga escala; todos estes fato. res consolidaram-se no correr da História Norte-americana.

Em verdade, a presença de uma fronteira geográfica em. expansão, até 1890, por exemplo; o desenvolvimento do. negócios até 1929; a recuperação das atividades econômica. durante e após a Segunda Guerra Mundial, foram fatores qu. consolidaram a crença da sociedade norte-americana na ines. gotável capacidade de melhoria dos seus membros. E é po. essa razão que o regime político norte-americano nasceu . desenvolveu-se com o consentimento dos governados, no con. texto de um liberalismo à Locke, sem se ver comprimido . direita pela ameaça de uma restauração conservadora, ou . esquerda pelo jacobinismo revolucionário.

Traçadas, portanto, as origens, cabe agora examinar a experiência do pluralismo que é, por assim dizer, o desdobramento do *consensus* lockeano no Século XX.

3. A EXPERIÊNCIA DO PLURALISMO

A estabilidade da relação entre o regime político e o consentimento dos governados derivou, como tinha previsto Madison no capítulo 10 de "O Federalista", do fato de que, nenhum interesse exclusivo, nenhuma região geográfica, nenhum grupo especial deveriam, numa República, aspirar à representação de uma pretensão hegemônica, posto que esta instauraria a tirania das maiorias e impediria, com o arbítrio, o exercício de uma justa arbitragem dos múltiplos interesses da sociedade. A representação desses múltiplos interesses, no desenvolvimento da prática norte-americana, consubstanciou-se na forma do pluralismo, o qual busca conciliar as novas necessidades da complexa sociedade americana do Século XX, que tornam difícil uma relação direta do Estado com o cidadão, com as aspirações clássicas da democracia, através do entre-choque de grupos de interesses, organizados no âmbito da sociedade civil.

A tendência associativa nos Estados Unidos, que já tinha sido observada por Tocqueville, permitiu precisamente o aparecimento dessas organizações privadas, que defendem os mais variados interesses e cujas demandas suprem, pela informação que trazem, algumas das deficiências da representação formal. Neste sentido, o regime político, ao coordenar, regulamentar, conter e estimular essa vida associativa, desvenda, nesse processo, o "interesse público", exercendo com jus-

83

tiça a arbitragem e a escolha necessárias para a boa conduçã da sociedade.

A pergunta que cabe, diante desse resumo muito rápid daquilo que se propôs fazer o pluralismo norte-americano, saber em que medida esta é uma experiência plenamente ber sucedida, e quais são os problemas derivados dessa prátic: Evidentemente, a fórmula não é perfeita e tem apresentad algumas dificuldades na sua aplicação. A primeira delas envolv uma indagação sobre se, de fato, o governo efetivamente expr me o "interesse público" através de políticas que resultam d sua interação com os diversos setores da sociedade, organ zada na forma de grupos de interesses. A segunda, que se prend à primeira, deriva do fato de que, nem todos os membros d sociedade norte-americana são capazes de se organizar e associações privadas e atingir, conseqüentemente, o patam: do sistema político onde as demandas são consideradas, ex: minadas e, eventualmente, podem ganhar acatamento atr: vés de decisões públicas.

Neste sentido, como apontam os próprios críticos d vertente americana do pluralismo, importa reconhecer a exclı são política de importantes setores da sociedade norte-amer cana, cujas necessidades, valores e aspirações nem semp atingem a máquina do governo. A recente mobilização pol tica desses setores marginais — como por exemplo os negro os chicanos, as mulheres, os bolsões de pobreza, que têm cons derado o pluralismo como um clube fechado — somada presença da contracultura e coadjuvada pelo impacto da Guer do Vietnam, que revelou um distanciamento entre os fatc do exercício de um poder hegemônico e as imagens de um sociedade liberal, geraram nos Estados Unidos, no context de sua própria sociedade, dúvidas quanto à gestão do sistem político. Essas dúvidas minaram, num determinado moment a crença de que u'a "mão invisível" sempre desvendaria o interesse público, pois o exercício interno e externo do poder, nos Estados Unidos, não estaria carregando no seu bojo, segundo alguns críticos, a moralidade necessária para legitimá-lo. Daí um aspecto da crise norte-americana, cujas dimensões e alcance cumpre examinar.

Esta crise é dado importante na medida que revela uma certa incongruência entre setores e segmentos da cultura norte-americana e o seu regime político. Nesse sentido, coloca o problema de conflitos entre o Estado e a sociedade civil, conflito esse, aliás, que não é monopólio do regime político norte-americano. Muito pelo contrário, pois os dilemas do relacionamento entre Estado e sociedade atravessam todas as fronteiras geográficas e ideológicas constituindo, talvez, o problema central da democracia no mundo moderno. Assim, o nó da questão não é a existência de uma crise mas sim a possibilidade de encaminhá-la de forma construtiva. Esta possibilidade de gestão da crise parece-me ser uma opção claramente aberta aos Estados Unidos, graças às características do seu regime político, entre as quais cabe examinar a natureza de suas instituições e a força do liberalismo.

Resumindo, para prosseguir: se o pluralismo, como fórmula, foi uma tentativa de resolver, através do mecanismo de representação, via associações privadas, fruto da capacidade de iniciativa e organização da sociedade americana, as deficiências e insuficiências da representação formal; se esta fórmula tem, e teve, dificuldades nas décadas de 60 e 70, conforme mostram os casos já mencionados, e se essas dificuldades revelam certas incongruências entre o Estado e a sociedade, a pergunta não é se existe uma crise. A pergunta é: esta crise pode ser superada e qual o grau, vamos dizer assim, de universalidade da problemática realçada por essa crise?

A meu ver, a crise existe e a problemática que ela coloca fundamental, pois o que põe em jogo é o relacionament entre Estado e sociedade, problema que não é monopóli do regime político norte-americano mas que constitui, talvez o problema central da democracia no mundo contemporânec Daí o interesse do assunto, e é por isso que proponho agor a discussão de como e por que, no meu entender, o regim norte-americano tem a possibilidade de administrar essa crise

4. AS INSTITUIÇÕES NORTE-AMERICANAS E A CRIATIVIDADE DO LIBERALISMO

A administração da crise parece uma opção clarament aberta aos Estados Unidos, graças precisamente às caracterís ticas do seu regime político, entre as quais gostaria, agora, d examinar a natureza de suas instituições e a força do libera lismo. Sabemos que o grau de autonomia e preponderânci do Estado como um setor distinto da sociedade varia de paí para país, de acordo com a sua História. A organização de um experiência comum, que configura uma memória nacional pode estruturar-se em torno do Estado. É, por exemplo, clara mente o caso da França, que é um país consolidado em torn da idéia da formação do Estado Nacional. É também, digamo assim, a tradição cultural alemã e italiana, marcadas pelo desej de unificação nacional. Num certo sentido, não deixa de se também uma das dimensões importantes da história polític brasileira, conforme vem mostrando Raymundo Faoro n sua análise das tendências do Estado no Brasil desde as sua origens ibéricas de, através do estamento do poder, marcar sua presença pela sucção da autonomia da sociedade civil

Bastaria dar dois exemplos, que me permito rapidamente trazer à baila para ilustrar este assunto: duas típicas instituições da sociedade civil são, naturalmente, o sindicato e o partido político. O sindicato, no Brasil, a partir da década de 30, tem sido emanação e instrumento do poder público, o que configura uma relação entre Estado e sindicato, mais na linha de cooptação do que na de representação. As recentes tensões entre o novo sindicalismo — sobretudo em São Paulo, na região do ABC — e o Estado, que caracterizam a presente conjuntura brasileira, revelam precisamente as dificuldades que vem tendo o governo em admitir uma maior autonomia de organização da sociedade civil.

Os partidos políticos, por outro lado, depois de 1945 foram organizados a partir do Estado, tendo em vista as eleições e a redemocratização. A origem do PTB ou do PSD, claramente é uma origem ligada ao Estado. Os dois partidos recém-dissolvidos — MDB e ARENA — também têm uma clara origem estatal. E as atuais dificuldades encontradas na formação dos novos partidos de oposição ilustram, mais uma vez, o dilema do relacionamento entre Estado e sociedade civil no Brasil contemporâneo.

A conclusão é, portanto, óbvia: tanto o sindicato, quanto o partido — duas típicas instituições da sociedade civil — no caso da experiência brasileira, vêem-se muito marcados pela presença do Estado. Daí o porque do desenvolvimento, entre nós, de disciplinas como a Teoria Geral do Estado e o Direito Administrativo.

Já na Inglaterra a organização da memória nacional fez-se simultaneamente em torno da monarquia, dos nobres e dos *commons*, o que impediu a centralização do poder no Estado. Esta experiência constitucional inglesa, tão bem analisada por Bolingbroke e Montesquieu, é parte desta herança institucional norte-americana. Creio que tal herança tem um dimensão muito importante, e a primeira observação a se feita deriva da relação entre essas instituições inglesas e a pró pria experiência da Revolução Americana. Como se sabe revolução vem do latim *revolutio, revolutionis*, que quer dize *re*-gresso, *re*-volver, dar voltas dentro ou em torno de um órbita – daí inclusive a própria noção de Copérnico. O sentid etimológico e originário da Revolução Americana, portant é uma restauração.

A Revolução Americana é etimológica, originária e polit camente, um conseqüente regresso à Constituição Mista Ingle e às suas liberdades, que os revolucionários americanos via como ameaçadas pela prática inglesa da época. Daí a impo tância do fragmento e da relação entre a noção de fragment ideológico, discutido por Hartz, e a Revolução American pois esta carregava no seu bojo uma noção de restauraçã Mas restauração do que? Restauração da Constituição Mis Inglesa e das instituições Tudor, que permitiram a coexistê cia e a combinatória da monarquia, dos nobres e dos *common* numa fórmula que impediu a total centralização do pode dentro do Estado.

Isto nos leva também a uma segunda observação. To a experiência inglesa, como depois a norte-americana, é um experiência de *checks and balances*, de pesos e contrapeso É um modelo, por assim dizer, derivado da Física. Todos modelos de sociedade derivados da Física partem do press posto da existência de mecanismos que resultam da ação co junta dos indivíduos numa sociedade de iguais, baseada r relação de coordenação dos vários fins almejados pelos ind víduos e das atividades necessárias para realizá-los. Em outr palavras, uma concepção de uma sociedade derivada da Físic pressupõe uma organização democrática da sociedade. A contrário, por exemplo, de um modelo de sociedade derivado da Biologia, que toma a sociedade como um organismo, ao qual os indivíduos estão subordinados assim como as células o estão às funções gerais do organismo, o que configura uma sociedade de desiguais, baseada na subordinação do indivíduo ao todo e numa organização autocrática da comunidade política.

Daí uma nota que me parece muito importante: o modelo americano, que deriva do modelo inglês, parte de uma concepção de sociedade derivada da Física. Parte, portanto, de relações de coordenação e, conseqüentemente, de uma organização democrática da sociedade. O oposto ocorreu em outras práticas e experiências, que enxergam a sociedade como um organismo em que as partes subordinam-se ao todo e o Estado é visto como uma espécie de cérebro do organismo, ao qual subordinam-se todas as suas partes.

Assim, por exemplo, uma reação ao problema dos dilemas de relacionamento entre o Estado e a sociedade civil é o Romantismo Europeu — que representa politicamente uma contestação à Ilustração — preocupado com a junção do país real e do país formal. Tal reação, na tradição francesa ou alemã, tem uma nota biológica que configura tendências de um pensamento conservador, ligado à idéia de uma concepção orgânica fundamentada num princípio de organização autocrática da sociedade. Ao contrário, a experiência norte-americana, precisamente pela influência do modelo da Física, é um modelo de pesos e contrapesos, sob o influxo de Newton e tantos outros que marcaram um tipo de atitude e uma forma de concepção da sociedade, que ajuda a pôr em funcionamento relações de coordenação numa organização de perfil mais democrático.

Este padrão levou, na prática norte-americana e nos seus desdobramentos, ao federalismo, ao princípio da lega-

lidade e à separação dos poderes, que criaram nos Estado
Unidos um regime político onde o governo é o produto d
várias instituições que compartilham a máquina do Estadc
e onde existe uma fusão de funções e uma divisão de pode
res, cuja origem é fruto das preocupações dos fundadores d
República Americana, com uma adequada distribuição d
poder no sistema político. Esta raiz histórica, combinada cor
a pujança da iniciativa privada no campo econômico e cor
a tendência associativa da vida americana, explica porque
nos Estados Unidos, a sociedade civil não é tão fraca, tã
inerme em relação ao Estado como em tantas outras parte
do mundo. Essa força traduz-se em eficiência do regime pol
tico graças ao liberalismo, tal como se consubstanciou n
prática norte-americana.

A primeira observação quanto a este assunto é que
liberalismo está ligado ao empirismo. Assim como foi rea
çada a importância da analogia com a mecânica na concepçã
da sociedade, importa notar também, agora, que o libera
lismo, enquanto ponto de vista, enquanto atitude, está ligad
ao empirismo inglês e requer, portanto, para sua validaçã
um critério externo aos próprios governantes. Esse critéri
é dado pelos governados, cujo consentimento legitima a gestã
do sistema político em relação à sociedade.

Esta nota é muito importante, pois assim como um
concepção mecânica da sociedade, baseada no modelo d
Física, levava à idéia de indivíduos que se coordenam pai
a realização de atividades conjuntas no contexto de uma orgã
zação democrática da sociedade, assim também a influênci
do liberalismo, na prática das instituições norte-americana;
está ligada a um tipo de atitude em matéria de conheciment
Essa atitude é o empirismo, que requer, para sua validaçã
um critério externo ao próprio sujeito que procura conhece

No caso, é algo externo aos governantes e o critério é dado pelos governados, cujo consentimento legitima a gestão do sistema político em relação à sociedade.

Neste sentido, o liberalismo americano é fruto do Iluminismo do Século XVIII, do qual, por exemplo, Jefferson foi uma digna encarnação, combinado com um grande espírito pragmático que veio a nortear a vida norte-americana e do qual Benjamin Franklin foi, ao mesmo tempo, um paradigma e uma antecipação. Este padrão permitiu que o sistema político norte-americano viesse a ser a primeira experiência de construção, num contexto laico, de um país em escala continental. Essa capacidade de construção prende-se à permeabilidade do regime político norte-americano, à necessidade de mudanças que lhe tem sido transmitida pela sociedade civil através dos mecanismos de mercado e de articulação política.

De fato, conforme aponta Albert O. Hirschman, a possibilidade de estancar o declínio e a esclerose de um Estado está ligada à capacidade de aprendizagem e de percepção de situações diferentes, que exigem novas pautas de conduta. Entre estes mecanismos estão tanto os de mercado, quanto os de articulação política, cuja combinatória, nos Estados Unidos, resulta deste compromisso empírico do liberalismo ao qual fiz referência e que exige, dos governantes, uma permanente abertura ao ponto de vista dos governados. Se todo sistema se modifica na medida em que funciona, precisa estar aberto à necessidade de mudança, e o liberalismo, como orientação empírica, precisamente abriu aos governantes americanos a noção de mudança, e foi isso que permitiu esta combinatória que vou denominar de equação política e econômica dos Estados Unidos, a qual permitiu o funcionamento dos mecanismos de mercado e de articulação política que, a meu ver, permitirão aos Estados Unidos gerir essas e outra crises da sua própria experiência.

5. A EQUAÇÃO POLÍTICA E ECONÔMICA

O mecanismo de mercado, regulado pelo sistema d preços, aloca eficazmente e de maneira descentralizada o recursos de uma sociedade. Ele padece, no entanto, de dua deficiências: não contém embutido dentro de si um critéri de distribuição de renda, a partir do qual o mercado oper a alocação de recursos, e não tem como resolver a questã das *externalidades*, isto é, dos bens públicos que são frut da ação coletiva centralizada.

Nos Estados Unidos, atualmente, 30% da populaçã detêm mais de 50% da renda. A esta concentração de rend soma-se, no plano econômico, a concentração de poder, frut do crescimento e escopo de atuação das grandes empresa americanas. Em 1962, das 420 mil empresas industriais, 2 obtiveram 38% dos lucros depois dos impostos, ficando c remanescentes 62% a serem divididos entre as demais. É pc essa razão que a eficiência privada do mercado, que tem-s traduzido em crescimento econômico e mudança tecnolc gica — dimensões positivas, pois o excedente assim criad de recursos e informações facilita a inovação — não é suf ciente. Ela requer, nos seus próprios termos e também num perspectiva mais ampla da população, uma complementaçã que leve em conta, na direção geral da sociedade, outros valore e aspirações como, por exemplo, pleno emprego, qualidad de vida e segurança econômica, os quais nem sempre são ca tados pelo mercado na medida em que a concentração acim mencionada instaura um voto ponderado no sistema de preços e um censo alto na preferência do consumidor.

Farei aqui um pequeno parêntesis para observar que, talvez, uma das importantes contribuições norte-americanas, como diz Huntington, à técnica da política internacional, tenha sido precisamente o transnacionalismo. O transnacionalismo, isto é, a relação entre uma sociedade e outra, que não passa ou não transita necessariamente pelo Estado — como é o caso das empresas multinacionais — é uma das dimensões importantes da forma pela qual os Estados Unidos atuam no mundo. E não me parece nada despropositado relacionar isso à força da sociedade civil norte-americana, força essa que transcende o próprio Estado americano e que tem um impacto no conjunto dos demais países. Portanto, se no plano do Estado a política externa oscila entre a dimensão do isolacionismo e a dimensão da transformação do mundo à sua imagem e semelhança, do ponto de vista da força da sociedade civil ela se traduz no trasnacionalismo, como uma específica contribuição norte-americana às relações internacionais.

Feitas estas considerações sobre a eficiência dos mecanismos de mercado e, ao mesmo tempo, sobre as suas limitações, importa mostrar a presença de outro mecanismo, que é o dos valores transmitidos pela articulação política, os quais, ao assegurarem o espaço público da palavra e da ação, suprem a informação necessária para o funcionamento mais equilibrado do sistema. Seja através de eleições, seja através da liberdade de imprensa e de associação, a sociedade civil norte-americana, graças ao seu vigor e autonomia, consegue exprimir, talvez de forma única no mundo, as demais preferências da comunidade no pluralismo de suas reivindicações.

Em outras palavras, o que estou querendo dizer com esse conceito de mecanismos de articulação política é que eles são mecanismos de voz. Tais mecanismos podem ser definido como qualquer tentativa de modificar, em vez de fugir o escapar, de um estado de coisas tido como indesejável, peti cionando, individual ou coletivamente, às autoridades respon sáveis, com o objetivo de forçá-las a mudar tal estado de coisas reforçando o peso da petição por diversos tipos de ação protesto, inclusive mobilização da opinião pública. Ora, h uma relação evidente entre essa idéia de voz e de participaçã política, e também a idéia de que a participação política um processo pedagógico. Ela é uma espécie de *paidéia*, com dizia Rousseau, que vai sempre assumindo novas formas e nova direções, requerendo, no entanto, uma prática constante

Justamente a autonomia da sociedade civil norte-ameri cana, o espírito associativo, vêm permitindo, nos Estado Unidos, a presença da voz e da participação política, nun mecanismo de auto-alimentação que assume sempre nova direções e que faz com que, para cada contexto específicc os mecanismos de articulação política sejam bastante eficien tes na transmissão de informações ao sistema político com um todo. Esses mecanismos requerem coragem política, qu exige a possibilidade de divergir. Aliás, a meu ver, esse é sentido do livro do Presidente Kennedy, *Profiles in Courage* Kennedy estuda basicamente uma série de atos de senadore norte-americanos que tomaram posições divergentes no corre da História Americana. Ele não discute o problema do porqu tomaram tal ou qual atitude, ou se essas atitudes eram corre tas ou não. O que ele discute é o tema da coragem política as dificuldades em assumir uma posição divergente. Se s olhar, por exemplo, para a Corte Suprema Norte-Americana veremos também, claramente, o papel da voz, inclusive da vo dissidente. Holmes e Brandeis foram, durante muitos anos minoritários nas decisões da Suprema Corte, mas tiveram precisamente um papel fundamental de ir reconduzindo a orientação da jurisprudência pela coragem política de divergir de uma determinada maioria num determinado momento.

Retomando, portanto, o fio do raciocínio: a eficiência privada do mercado e a estridência pública da solicitação política — esta articulando-se para obter, através de organizações, os benefícios da ação coletiva em situações nas quais o mecanismo de preços se revela falho, insatisfatório ou insuficiente — vem acionando, com bastante sucesso, num clima de liberdade, a inovação e a mudança do regime americano. É por essa razão que, a meu ver, a assim chamada crise do pluralismo norte-americano parece, antes, revelar um sintoma de vitalidade dos Estados Unidos do que um diagnóstico do seu declínio.

Autoridade, como explica Hannah Arendt, origina-se de *augere* — aumentar, e é por essa razão que a autoridade de um regime político resulta daquilo que, no tempo, ela acrescenta às instituições provenientes do seu ato de fundação. A liberdade presidiu à criação e à edificação das instituições internas norte-americanas. Ela não foi destruída, nesses duzentos anos de crescente sucesso econômico e projeção política internacional, por instituições que foram capazes de enfrentar uma guerra civil, absorver, num *melting pot*, uma imigração maciça, reequacionar a intervenção governamental para melhorar, com o *New Deal*, a igualdade de oportunidades, forçar o término da segregação racial por uma decisão judicial, estancar uma tendência fascista como foi o macartismo ou coibir os excessos do Executivo forçando o seu recuo com a renúncia de Nixon.

Essas referências mostram como é significativo o acervo desta experiência norte-americana na administração de suas crises. Elas justificam, portanto, ainda hoje, o otimismo de

Walt Whitman, que foi seu grande vate, e explicam — apesa
das dificuldades de transposição geográfica desse modelo
dada a sua especificidade histórica — a relevância exempla
dos Estados Unidos, que conseguiram alcançar e manter, n
plano interno, nesses duzentos anos, uma democracia inova
dora, atenta aos direitos da minoria e apoiada numa escolh
majoritária.

6. CONCLUSÕES

Em síntese, portanto, e para concluir: o que procure
mostrar no correr desta exposição foi, a partir do registro d
determinados dados e de determinados fatos, uma relaçã
positiva entre o desenvolvimento econômico e a estabilidad
política dos Estados Unidos. Tracei a origem do regime nort
-americano mostrando a relação entre a experiência da col
nização, a consolidação dessa experiência e a existência d
uma idéia de igualdade. Discuti o *consensus* lockeano, qu
fez com que toda a experiência política norte-americana pudess
ser conduzida sem ter tido que enfrentar, como outras exp
riências, tanto o problema da necessidade e da pobreza abs
luta, causa das Revoluções Francesa, Russa e Chinesa, quant
o problema, digamos assim, de um passado feudal e de regime
autocráticos que as antecederam. Ao contrário, a experiênc
norte-americana está ligada a uma prática inglesa, que era p
sua vez bastante democrática. Isto traduziu-se na fórmul
do pluralismo, na idéia de Madison, para quem a democraci
no mundo moderno, aparece como mecanismo de ajudicaçã
do interesse público, fruto da interação e do entrechoque d
demandas postas por associações, no plano da sociedade civi
sustentadas pelos mecanismos da representação política. Ess

experiência tem os seus problemas como qualquer outra, e por isso discuti algumas das dificuldades do pluralismo norte-americano — basicamente, o fato de nem todos os setores da sociedade conseguirem organizar-se para atingir o patamar do sistema político para serem ouvidos e atendidos. No entanto, a problemática que cumpre examinar não é a existência da crise, mas a possibilidade de administrá-la. Esta possibilidade parece-me real graças às características das instituições norte-americanas e à criatividade de seu liberalismo.

No que diz respeito às instituições americanas, fiz referência à Revolução como uma restauração da Constituição Mista Inglesa e a uma concepção mecânica da sociedade, que pressupõe uma organização democrática e relações de coordenação. Falei, também, do problema do empirismo e de sua relação com o liberalismo, ou seja, como a atitude liberal leva à concepção de que é preciso um critério externo a quem conhece, ou a quem governa, para validar uma gestão e o seu exercício. No caso do liberalismo, essa validação é dada pelos governados aos governantes através do mecanismo do consenso. A partir daí, estudei como isso tudo permitiu a equação política norte-americana, que comporta tanto mecanismos de mercado, quanto mecanismos de articulação política. Falei sobre a eficiência do mecanismo de mercado e, ao mesmo tempo, sobre as suas limitações, mostrando como os mecanismos de articulação política, através da organização da voz, complementam o mecanismo de mercado, fazendo com que o sistema político, como um todo, administre um conjunto de informações que, de outra forma, ele não teria. Dei alguns exemplos mostrando, inclusive, como essa relação entre mecanismos de mercado e mecanismos políticos foi capaz de enfrentar, na trajetória da experiência norte-americana, uma série de crises sucessivas. Isto, a meu ver, constitui por si só matéria

mais que suficiente para celebrar o Bicentenário dos Estado
Unidos e para substanciar, em qualquer análise de polític
comparada, ou em qualquer reflexão sobre a liberdade, a sedu
ção do paradigma americano.

PARTE III

4. AS SALVAGUARDAS E A LIBERDADE: O DIREITO INTERNACIONAL E A REFORMA POLÍTICA*

Significativos setores e segmentos da sociedade brasileira têm manifestado insatisfação com as características de funcionamento e com os resultados da gestão do atual sistema político. O próprio governo, através de porta-vozes qualificados, tem salientado a necessidade de promover, por meio de reformas, a transformação do regime. O momento político, por isso mesmo, tem se assinalado por um debate intenso. Neste debate, várias reivindicações de cunho institucional têm sido formuladas. Entre elas, merecem realce as dos advogados, em prol do Estado de Direito.

Na discussão a respeito do Estado de Direito temas como o papel da legalidade, enquanto instrumento de controle do arbítrio, a natureza da segurança e a função das salvaguardas, têm sido freqüentemente suscitados. Por essa razão, a análise — sempre relevante — destes temas adquire realce e urgência, posto que são parte integrante da agenda substantiva de reorientações que a conjuntura está colocando na pauta decisória do sistema político brasileiro.

* Versão revista, acrescida de notas, de conferência pronunciada no Rio de Janeiro, no Instituto dos Advogados Brasileiros, em 9 de março de 1978.

Um caminho analítico, que até agora não veio a públic é aquele que transita pela experiência do Direito Internacion; Este percurso me parece fecundo por três razões: (i) o Direi Internacional rege normativamente uma comunidade de Est dos assinalada pela distribuição individual do poder entre seus membros, que, por isso mesmo, sempre almejam não v coibida a discricionariedade de suas soberanias. Neste sentid a prática do Direito Internacional é útil no exame do pap da legalidade enquanto instrumento de controle do arbítri (ii) o Direito Internacional também lida, na sua situação-limit com a guerra e a paz. Por essa razão, é forçosamente relevan a experiência da vida internacional, no que tange à quali; cação do que é segurança; (iii) finalmente, cabe lembrar q o termo salvaguarda tem a sua origem no Direito Intern cional e visa atender, do ponto de vista jurídico, às nece sidades de adaptação e aplicação do ordenamento jurídi provocadas pela mudança das circunstâncias. Estas três razõ explicam a divisão deste trabalho em três partes, num encade mento que almeja mostrar como a experiência do Direi Internacional é válida para encaminhar analiticamente o pap da legalidade na reforma política; como este encadeamen se sustenta a partir de uma noção de segurança apoiada i vida das relações internacionais; e, finalmente, como o repe tório de conceitos do Direito das Gentes — entre os qua estão as salvaguardas — contém técnicas para permitir o co vívio normativo num contexto de mudança e transformaçõe

1. A LEGALIDADE, A REFORMA POLÍTICA E O DIREITO INTERNACIONAL

Em que medida o Direito Internacional, como dis plina teórica e como prática, pode contribuir, analiticament

ara esclarecer e encaminhar o tema da legalidade no con-
xto da reforma política, ora em discussão?

Conforme se sabe, são duas as analogias com outros
mos do Direito, mais freqüentemente invocadas pelos estu-
osos do Direito Internacional. A primeira é com o Direito
rivado, e a razão é que os contratos, em Direito Privado,
sim como os atos jurídicos em Direito Internacional Público,
ressupõem, regra geral, a igualdade das partes e a autono-
ia das vontades. Daí a aproximação entre a teoria do *negócio
rídico* e a teoria das *fontes formais* do Direito Internacional
blico, notadamente o tratado[1]. A origem desta concepção
monta à lógica da *Paz de Westfália* (1648), isto é, à concep-
o de uma ordem mundial constituída pelos governos de
stados soberanos e iguais por *fiat* jurídico, que podiam cele-
ar acordos voluntários (tratados) para regular as relações
ternas e intraconexões de variados tipos. Isto é que explica
analogias com o Direito Privado e os seus princípios. Existe,
tretanto, uma tensão, nunca superada, na Lógica de West-
lia, entre a igualdade na teoria e a desigualdade de fato[2].
al tensão realça e suscita o problema do poder. Este pode
r melhor apreciado pela segunda analogia, desta vez com o
ireito Público, notadamente o Direito Administrativo e o
ireito Constitucional.

As razões desta segunda analogia são simples. O Direito
onstitucional, o Direito Administrativo e o Direito Interna-
onal Público são as faces internas e externas de uma mesma

1. Cf. HERCH LAUTERPACHT, *International Law*, vol. 2
Collected papers edited by E. Lauterpacht), Cambridge: Cambridge
niversity Press, 1975.

2. Cf. RICHARD A. FALK, *A Study of Future Worlds*, N.
ork: Free Press, 1975.

moeda: o Estado. Existe, portanto, uma semelhança bás
entre o Direito Constitucional e o Direito Administrativo,
um lado, e o Direito Internacional Público de outro: são
ciplinas que buscam submeter a soberania a regras jurídic
É a aspiração do Estado de Direito – da qual o Direito Co
titucional, o Direito Administrativo e o Direito Internacio
Público são expressões – que converte, por meio da lei, a
vidade arbitrária em atividade jurídica. A legalização da ati
dade estatal, interna e externa, envolve uma autodelimitaç
do poder de *imperium*. Este é um processo complexo, o
transita pelo fenômeno do poder, exigindo, dessas disci
nas, a necessidade de se levar em conta o dado político[3].

Como encarar a *relação entre Direito e poder* à luz
exigência analítica acima mencionada? O Direito pode
entendido como uma pirâmide escalonada de normas. Na pe
pectiva do privatista, que olhe a pirâmide a partir da ba
o poder do Estado aparece como uma força a serviço
Direito, garantindo e reforçando a aplicação da norma atra
da organização institucionalizada da sanção. Entretanto,
perspectiva do político, que olhe a pirâmide a partir do s
vértice, o Direito (seja ele o Internacional, seja ele o Con
tucional, seja ele o Administrativo) aparece como um c
junto de competências a serviço do poder, isto é, como um c
junto de normas destinadas a permitir o seu exercício. Qua
menos arbitrárias, quanto menos discricionárias, quanto me
soberanas essas competências, maior é o processo de leg
zação que delimita o exercício do poder de império[4].

3. Cf. PROSPER WEIL, "Droit International Public et D
Administratif", in *Mélange Trotabas*, Paris: Lib. Générale de D
et Jurisprudence, 1970.

4. Cf. NORBERTO BOBBIO, *Teoria della Norma Giuridi*
Torino: Giappichelli, 1958; e *Studi per una Teoria Generale del Diri*
Torino: Giappichelli, 1970.

Nos Direitos Públicos Internos, detendo o Estado o monopólio da coerção organizada, encobre-se por vezes a dimensão da política acima mencionada. Entretanto, em Direito Internacional Público, tendo em vista que o sistema internacional se caracteriza basicamente pela descentralização e pela distribuição individual e assimétrica do poder entre os Estados, a dimensão da política sempre aparece ostensivamente; por essa razão o Direito Internacional Público é um Direito necessariamente preocupado com a eficácia das normas, e permanentemente atento à conduta dos seus destinatários. Em outras palavras, o internacionalista busca a experiência jurídica não apenas nas idéias de justiça a que aspiram os homens, nem exclusivamente nos ordenamentos jurídicos constitutivos, mas também na ação dos homens e dos Estados, em meio à realidade social. Em síntese: o internacionalista é, por definição, um realista, que não pode trabalhar apenas com a concepção ideal ou formal do Direito. Daí a resposta à pergunta proposta no início da primeira parte deste trabalho: precisamente porque, no âmbito da comunidade internacional o Direito é, ostensivamente, um instrumento de política onde, à semelhança dos regimes discricionários, é grande o âmbito do poder e pequena a competência do Direito, é que o Direito Internacional, como disciplina e como prática permanentemente preocupadas com a conduta dos destinatários das normas, contém no seu repertório experiências e conceitos aptos para ajudar no esclarecimento dos limites e possibilidades da reforma política ora em discussão em nosso país[5].

5. Cf. CHARLES DE VISSCHER, *Théories et Realités en Droit International Public* (4ª ed.), Paris: Pedone, 1970; e WERNER LEVI, *Law and Politics in the International Society*, Beverly Hills: Sage Publications, 1976.

O que se propõe o Direito Internacional Público com disciplina teórica e como prática do ponto de vista das rel ções entre a atividade política e a segurança? São três, ba camente, as funções deste ramo do Direito: (i) disciplinar regulamentar a distribuição de competências entre os Estado no âmbito da comunidade internacional. Com isso, o Direi Internacional Público evita a fricção da interação não-regul mentada, indicando aos Estados qual é o padrão aceitáv de comportamento, e proporciona, neste processo, a indicaçã da provável conduta dos outros. Neste sentido, o Direito Inte nacional Público, como outros ramos do Direito, busca re guardar a segurança das expectativas correspondente à nece sidade de constância nas transações internacionais.

(ii) Preservar e promover interesses comuns dos Estado Com isso, o Direito Internacional Público dá conta da nece sidade de cooperação entre os Estados, pois, tendo em vis as insuficiências da escala nacional e a interdependência, de vada destas insuficiências, as normas do Direito Internacion Público hoje em dia não são mais, apenas, as de mútua abste ção e não-intromissão, mas também as de mútua colaboração Em outras palavras, o Direito Internacional Público discipli a associação dos Estados na realização de tarefas comun procurando neste processo alcançar os benefícios e, com iss a segurança da ação coletiva em situações em relação às qua a ação estatal individual é falha ou insuficiente. Neste sentid o Direito Internacional Público registra as necessidades intervencionismo no plano internacional, da mesma form que o Direito Constitucional e o Direito Administrativo registram no plano interno.

(iii) Finalmente, o Direito Internacional Público busc disciplinar, no plano internacional, o uso da força. Este aliás, um tema clássico do Direito Internacional Público qu o lidar com a paz, busca ver a relação entre a guerra (uso da força) e o Direito. Por isso mesmo, é a partir deste ângulo que o tema da legalidade e da reforma política deve ser analisado[6].

O JOGO DA SEGURANÇA

Grócio definiu a guerra como o estado daqueles que buscam resolver as suas diferenças por meio da força[7]. No plano internacional — onde a conduta dos Estados se rege pelas normas do Direito Internacional Público, sem o reforço de um poder centralizado e onde, por conseqüência, é maior o âmbito de atuação do poder e menor a competência do Direito — o uso e o controle da força para resolver diferenças é sempre um tema-limite, questionador da própria eficácia do Direito. *Inter arma silent leges*, observavam os antigos; sobretudo quando as diferenças dizem respeito aos interesses vitais de um país, naquelas situações de poder último que — para lembrar uma observação de Dean Acheson, pleiteando, por ocasião da crise dos mísseis cubanos de 1962, o uso da força — se aproximam das fontes da própria soberania. Daí o porquê da relevância da experiência do Direito Internacional Público para a análise das reformas políticas pois, muito mais que os outros ramos do Direito, na sua situação-limite o Direito Internacional Público sempre enfrenta o problema da submissão das soberanias

6. Cf. J. G. MERRILLS, *Anatomy of International Law*, London: Sweet and Maxwell, 1976.

7. HUGO GROCIO, *Del Derecho de la Guerra y de la Paz*, (tradução de Jaime Torrubiano Ripoll), Madrid: Edit. Reus, 1925, vol. I, Livro 1º — Cap. 1).

a regras jurídicas, no jogo da própria segurança, senão da sob vivência, do Estado[8].

Em função desta conclusão, o que nos diz o repertó de experiências do Direito Internacional Público como di plina e como prática a respeito da segurança?

Segurança, etimologicamente, origina-se do prefixo acoplado à palavra latina *cura* — cuidado, solicitude. Seguran portanto, quer dizer *sem cuidados, sem perigo, tranqüilo*, por essa razão que, no campo político, a idéia de segurança de uma ordem sem sobressaltos. No plano internacional a id de ordem com segurança sempre preocupou os especialist posto que envolve o problema de como conservar a tranq lidade da paz sem o risco da guerra.

Entre as diversas tentativas de constituição de uma ord com segurança, no plano internacional, está a experiência *Concerto Europeu*, que foi o esforço das nações européi após o Congresso de Viena, no Século XIX, em criar um tema internacional estável, depois do traumático impacto expansão napoleônica. De fato, a Revolução Francesa e Império Napoleônico representaram, na Europa, um nc princípio de legitimidade: o da soberania popular em sub: tuição ao princípio dinástico. É por essa razão que a Frar napoleônica representava, em relação às demais nações eu péias da época, uma experiência revolucionária incompatív num primeiro momento, com os princípios dos demais país Por se ver assim sitiada, enquanto potência revolucionária França buscou uma segurança absoluta. Tal objetivo, poré significava a insegurança de todos os demais países, que reuniram para frear e obter a derrota francesa.

8. Cf. ABRAM CHAYES, *The Cuban Missile Crisis: Inter tional Crisis and the Role of Law*, N. York: Oxford University Pre 1974.

O insucesso de uma ordem européia baseada na segurança absoluta de um país provocou a tentativa de estabelecer uma nova ordem, o *Concerto Europeu*, cujo objetivo era uma segurança vista como legítima pelos seus partícipes. Por esta razão, tiveram seus construtores a sabedoria de nela incluir e absorver a França derrotada, estipulando que a dinâmica da mudança deveria processar-se pelo acordo e pelo consenso, tendo em vista a experiência negativa de uma ordem revolucionária, na qual o justo tinha sido apenas o militarmente possível em termos de poder.

A condição de possibilidade da ordem do *Concerto Europeu* enquanto ordem legítima – como demonstrou Kissinger, um de seus importantes analistas – era a de ser uma ordem aceita. Toda ordem aceita parece parcialmente injusta aos seus componentes. A existência dessa insatisfação, no entanto, é uma condição de estabilidade pois, se existisse uma potência totalmente satisfeita e absolutamente segura, ela traria a insatisfação total e a insegurança à maioria das demais e provocaria, conseqüentemente, o fermento da instabilidade de uma ordem revolucionária[9].

Na lógica do *Concerto Europeu*, uma potência com certos recursos de poder, que se visse totalmente insatisfeita e insegura numa determinada ordem, poderia vir a ser um fator de desestabilização. É isso, aliás, o que explica por que a Alemanha, mais tarde, no primeiro após-guerra, corroeu a ordem do Pacto da Sociedade das Nações, proposta no Tratado de Versalhes.

Esta introdução histórica sobre a mecânica do *Concerto Europeu* evidencia o jogo do equilíbrio de poder como uma

---

9. HENRY KISSINGER, *A World Restored*, N. York: Grosset and Dunlap, 1964.

das condições de funcionamento de uma ordem segura, quando não existe o monopólio da coerção organizada. Evidentemente tal jogo partia – e parte – do pressuposto de que o poder ao se encontrar individualmente distribuído entre os Estados impediria o arbítrio e garantiria, com a segurança, a liberdade na comunidade internacional. Essas idéias, como se sabe, representam uma aplicação, no plano internacional, do constitucionalismo clássico, em que a idéia de equilíbrio, pesos e contrapesos visava assegurar a distribuição de poder, para coibir a tirania e a violência e instaurar a harmonia, permitindo assim, numa sociedade, a sabedoria e a virtude[10].

Em outras palavras, o objetivo do Direito Constitucional Clássico era garantir, na forma de organização da sociedade, a liberdade através de um equilíbrio – fruto da distribuição do poder entre os governantes – e de uma dependência dos governantes no seu relacionamento com os governados. O Concerto Europeu foi uma experiência bem sucedida de uma ordem hierárquica que manteve a paz com segurança durante décadas no plano europeu. O próprio constitucionalismo inglês ou americano, sua contrapartida no plano interno, foi igualmente capaz de manter, com segurança, uma ordem estatal.

É óbvio que as circunstâncias históricas são variáveis, como também é óbvio que não é possível transpôr, para o momento atual, sem maiores considerações, todos esses conceitos. Não obstante, deles se pode extrair uma lição. A segurança, para que seja uma *ordem sem perigos*, deve estar distribuída entre todos os componentes de uma comunidade. A segurança absoluta, de apenas um membro, gera a insegurança

10. Cf. ISAAC KRAMNICK, *Bolingbroke and his Circle: The Politics of Nostalgia in the Age of Walpole*, Cambridge, Mass.: Harvard University Press, 1968.

nça dos demais, provocando uma ordem revolucionária, qual, precisamente por ser revolucionária é inerentemente stável a prazo mais longo.

Estas considerações podem, também, ser comprovadas uando se passa do grande mapa dos acontecimentos polícos internos e internacionais para outros campos. No campo conômico, por exemplo, a segurança absoluta de uma empresa ocorre quando, para citar um caso, ela domina totalmente m determinado mercado, gerando com esse predomínio insegurança das demais ou, no limite, a eliminação da con orrência por meio do monopólio e a conseqüente insegurança o consumidor. Numa organização, o desejo de segurança de m chefe pode significar, seja pela não-delegação de tarefas os demais, seja pela retenção da informação, a insegurança a própria organização.

Assim, a segurança no plano das relações entre as pes as pressupõe o reconhecimento do *Outro* no pluralismo e suas aspirações e na especificidade de suas reivindicações. onverter o *Outro* num inimigo potencial, isto é, fazer de rceiros objetos e não sujeitos da segurança geral que deve r partilhada, é criar uma ordem cheia de sobressaltos.

Aliás, diga-se de passagem, entre parêntesis, como observa lien Freund, que uma das metas específicas que deriva do parecimento do Estado como forma de organização política pecífica do mundo moderno, é o tratamento dispensado o *Outro*, ao *Terceiro*. De fato, em substituição ao princípio ierárquico — como forma de organizar e disciplinar o *Outro* a sua alteridade e da qual são exemplos: o princípio das castas a Índia; a hierarquia de classes em Roma ou a instituição e três ordens de feudalismo — o que caracteriza o sistema tatal é a relevância atribuída ao Direito Positivo e ao prin pio de igualdade de todos perante a lei, graças ao qual o

Outro é acolhido como um adversário, no respeito comu à norma, e não estigmatizado como inimigo[11].

Creio que existem lições a serem extraídas do repe tório da experiência do Direito Internacional, que acaba ser mencionado, do ponto de vista do encaminhamento an lítico do tema da reforma política nacional. De fato, no Bras a Revolução de 1964 empenhou-se em criar uma nova orde porque seus protagonistas entenderam que a anterior, p inspirar cuidados e provocar sobressaltos, era insegura. N trajetória de afirmação da nova ordem, os sucessivos at institucionais e as rupturas jurídico-políticas decorrentes sua aplicação vêm assinalando uma propensão à seguran absoluta. Ora, a segurança absoluta da ordem revolucionár — institucionalizada no Estado e assinalada pela possibilida do uso arbitrário da força — na medida em que converte justo no militarmente possível em termos de poder represent potencialmente e por vezes concretamente, a inseguran absoluta da Sociedade Civil. A insegurança geral da com nidade aconselha uma melhor distribuição da segurança, e neste contexto que se insere o tema da reforma política.

Como instaurar uma ordem segura, sem perigos e sobre saltos? Uma ordem sem sobressaltos não pode ser uma orde imposta, que resulte apenas do militarmente possível em te mos de poder. Uma ordem sem sobressaltos é uma orde aceita. Toda ordem aceita parece parcialmente insatisfató aos seus componentes. A existência desta insatisfação parci no entanto, é uma primeira condição de estabilidade, p se existisse um grupo ou setor totalmente satisfeito e segu ele provocaria a insatisfação total e a insegurança dos dema

11. JULIEN FREUD, "L'Ennemi et le Tiers dans l'État" *Archives de Philosophie du Droit*, tomo 21, 1976, pp. 23-38.

gerando, conseqüentemente, o fermento da instabilidade. Daí uma primeira observação: não deve haver nem segurança absoluta do Estado, nem segurança absoluta da Sociedade Civil, sob pena de não haver segurança geral.

A segunda condição de estabilidade é o reconhecimento, numa sociedade, da legitimidade das múltiplas aspirações e da especificidade de seus membros. Daí uma segunda observação: o *Outro* não pode nem deve ser visto como inimigo, mas sim e apenas como adversário. É isto que explica e fundamenta a salvaguarda dos direitos civis e políticos como capítulo essencial dos direitos humanos.

A terceira condição é o princípio de que a dinâmica do processamento e do atendimento das reivindicações deva pautar-se por regras que sejam tidas como justas pela sociedade. A justiça cria a lealdade, pois a sua percepção faz com que a segurança do atendimento se distribua entre todos os componentes de uma comunidade. Em última instância, portanto, uma ordem segura e sem sobressaltos requer a crença de que as normas e os princípios que, numa sociedade, administram os conflitos sejam reconhecidos como justos. Isto significa que, na sua gestão hierárquica de uma sociedade, um sistema político não pode caracterizar-se por um processo de exclusão social.

Desde Aristóteles a justiça está associada à igualdade. É certo que o critério da igualdade não é unívoco — pois comporta a dimensão do mérito, do trabalho e da necessidade. Entretanto, é o vínculo entre *igualdade* e *justiça*, como condição de segurança, que explica e fundamenta a tutela dos direitos econômicos, sociais e culturais como outro capítulo essencial dos direitos humanos. De fato, a tutela desses direitos é indispensável, pois visa, sobretudo num país como o nosso, a ampliar a participação de uma sociedade, onde o crescimento

econômico não eliminou, de maneira significativa, o problem
da pobreza absoluta, e onde também a distribuição de rend
instaurou, *ipso facto*, um voto ponderado e um censo alto n
preferência do consumidor, pouco compatível com os impe
rativos de justiça de uma sociedade democrática. Daí um
terceira observação: a salvaguarda dos direitos econômico
sociais e culturais como outro capítulo dos direitos human
é indispensável na instauração de uma ordem segura[12].

3. AS SALVAGUARDAS

Estes são, portanto, direitos que, na sua gestão, u
sistema político deve assegurar à sociedade para instaur
uma ordem sem sobressaltos. É à luz destes parâmetros qu
deve ser analisado o tema das salvaguardas como um dos cap
tulos das reivindicações institucionais, ora em discussão, n
projetos de transformação do regime brasileiro.

Salvaguarda, em português, vem do francês *sauvegard*
– *sauf* (salvo) + *garde* (guarda). *Sauf* – salvo, em francês com
em português, tem a sua raiz no latim. *Salvare*, de onde ve
salvar, quer dizer tirar ou livrar do perigo; pôr a salvo, p
em segurança. *Garde* – guarda, em francês como em port
guês, tem raiz germânica. *Wardôn*, do alto alemão *warte*
significa procurar com a vista, olhar. Daí em francês *regarde*
e em italiano *guardare*. Daí também o provérbio "quem olh
toma conta", que dá o sentido atual de guardar em portuguê
Salvaguarda, portanto, etimologicamente, exprime olhar pa
livrar do perigo, para pôr em segurança. A historicidade

12. Cf. capítulo 5 deste livro.

alavra, portanto, mostra a sua relação com a noção de segu-
ança e com a vigilância necessária para a sua manutenção.

Salvaguarda é termo de Direito Internacional, não de
Direito Constitucional. Por isso, vale a pena verificar, em
Direito Internacional Público, seu sentido preciso antes de
transpor o conceito para o Direito Interno.

No *Direito da Guerra* a salvaguarda é uma espécie de
alvoconduto. Lafayette a define como uma "proteção que
s chefes militares concedem, em bem das pessoas ou da pro-
riedade, dentro dos limites de seu comando, contra os ataques
operações de sua própria tropa". É, portanto, uma proteção
oncedida a *bens* ou *pessoas*, amigas ou inimigas que, por
lguma consideração especial, recebem a tutela — a salva-
uarda — de chefes militares[13].

Num sentido mais geral, em Direito Internacional Público
alvaguarda é termo que designa proteção contra um perigo.
erigo de vida como é o caso da Convenção de 31 de maio
e 1929 sobre a Salvaguarda de Vida Humana no Mar, que
o seu artigo 1º tem esta acepção; ou outros tipos de perigo,
omo é o caso do artigo XIX do GATT, ou os artigos 23 a 26
o Tratado de Montevidéu que criou a ALALC. Os perigos
ue estas cláusulas de salvaguardas buscam evitar são os deri-
ados da mudança de circunstâncias que tornam difícil a um
stado cumprir obrigações por ele assumidas, no plano inter-
acional, em matéria comercial, derivadas, por exemplo, de
ma situação em virtude da qual importações podem causar
rejuízos graves e inesperados a determinadas atividades produ-
vas de significativa importância para a economia nacional.

13. LAFAYETTE RODRIGUES PEREIRA, *Princípios de
ireito Internacional*, tomo II, Rio: Jacinto Ribeiro dos Santos editor,
903, p. 226.

Este tipo de perigo, fruto da mudança de circunstânc ou de circunstâncias excepcionais, com o qual lida constan mente o Direito Internacional Público, merece alguma a lise, pois é desta análise, creio, que podem surgir algun indicações no que tange às *salvaguardas* da reforma políti ora em discussão no cenário nacional.

Um acordo de cooperação econômica internacion em Direito Internacional Público, bem como uma constituiç em Direito Público, ou um contrato social de uma socieda em Direito Comercial, têm todos uma significativa dim são temporal, pois não envolvem apenas uma transação como é o caso, regra geral, de um contrato de compra e ven Ao contrário, são instrumentos jurídicos que disciplina relações prolongadas no tempo, de longa duração e execuç continuada, onde o objeto da transação não pode ser intei mente mensurável. São, para usar a terminologia de Ascare contratos plurilaterais, onde o elemento fundamental é objetivo comum, que tem uma função instrumental no senti de que a satisfação do interesse pessoal das partes passa p realização do escopo, que compartilham. "Comunionem : ferunt", como ensinava Grotius, de onde partiu Ascarelli

Estes instrumentos jurídicos requerem das partes u colaboração futura permanente para que se instaure a coo ração na utilização de bens e serviços, tendo em vista o dese volvimento de uma atividade ulterior. Este tipo de instrumen jurídico implica antes no compartilhar temporal dos cust

14. TULLIO ASCARELLI, *Problemas das Sociedades Anô mas e Direito Comparado* (2ª ed.), S. Paulo: Saraiva, 1969; Cf. tamb CELSO LAFER, *O Convênio do Café de 1976 – Da Reciprocid no Direito Internacional Econômico*, S. Paulo: Ed. Perspectiva, 19 Caps. II e III.

benefícios da relação — que é uma ação coletiva — do que a divisão ou alocação. É por essa razão que estes instrumentos, normalmente, contêm estipulações que planejam o contexto dentro do qual os aspectos e os perigos não-antecipáveis, por ocasião de sua redação, serão resolvidos. Este planejamento normalmente é de dois tipos, como observa Mac Neil: o de risco e o de desempenho[15]. Daí a existência de dois tipos de salvaguarda: (a) *salvaguardas que planejam o risco*; e (b) *salvaguardas que planejam o desempenho*.

a) Salvaguardas de risco

Em Direito Internacional Público as salvaguardas que planejam o risco são as que *qualificam* o compromisso e o empenho dos Estados. Em outras palavras, são mecanismos que diminuem os perigos de aplicação de normas, na hipótese de ocorrer, em função do aleatório e da conjuntura, uma mudança que afete a reciprocidade que motivou e promoveu a criação da norma. Em síntese: as salvaguardas de risco possibilitam a suspensão da aplicação das normas desde que ocorram, comprovadamente, determinadas situações previstas no instrumento que as criou. Assim, por exemplo, o novo texto do FMI, assim como o anterior negociado em Bretton Woods, tem cláusulas de salvaguardas para situações de emergência, que suspendem compromissos assumidos no que tange à cooperação monetária internacional. Da mesma forma, conforme foi visto, o GATT e a ALALC contêm cláusulas de salvaguarda

15. IAN R. MAC NEIL, "The Many Futures of Contract" in *Southern California Law Review*, v. 47, 1974, pp. 691-816; e "A Primer of Contract Planning" in *Southern California Law Review*, v. 48, 1975, p. 627-703.

que suspendem a aplicação de normas referentes à cooperaçã comercial internacional. Os riscos, portanto, de uma cri de balanço de pagamentos, de balança comercial, de u "dumping" — para dar alguns exemplos — que podem pô em perigo a segurança econômica de um país, são contornad por meio da suspensão das normas. Esta suspensão, no entant é temporária, e para estender-se além de um certo temp requer e exige o consentimento das demais partes contratante que precisam ver comprovada a continuidade de circunstânci excepcionais para serem persuadidos da validade, no temp da aplicação das salvaguardas de risco.

A possibilidade de retirar-se voluntariamente de u convênio de cooperação econômica internacional — previst por exemplo, nos Convênios do Café de 1962, 1968 e 1976 que ocorre quando um ordenamento deste tipo deixa de ate der ao interesse de uma parte contratante, assim como o direi de recesso de um acionista de sociedade anônima, para reco rer a uma hipótese disciplinada pelo Direito Comercial, sã outros exemplos de cláusulas de salvaguardas que planeja a minimização do risco, que deriva da submissão do compo tamento à lei, quando surgem circunstâncias imprevistas. E Direito Constitucional são típicas cláusulas de salvaguar de risco o estado-de-sítio, o estado-de-emergência, o art. 1 da Constituição Francesa, que prevêem a suspensão de cert garantias da Sociedade Civil quando circunstâncias excepci nais põem em perigo a segurança do Estado. Em outras palavr a soberania retoma e recupera uma margem de arbítrio pa salvaguardar a sua sobrevivência.

Entretanto, num Estado de Direito — e esta tambén é, conforme foi visto, a lição e a experiência do Direito Inte nacional Público — existem pautas de conduta consensu mente aceitas, e normas jurídicas que possibilitam estabelec m parâmetro ao exercício arbitrário do poder, sobretudo em tuações excepcionais. É por isto, aliás, que permitem diferen-iar os regimes democráticos dos autoritários e totalitários atra-és de uma análise das relações entre Direito e consenso e Direito força. Quanto maior for a adesão espontânea de uma comu-idade às normas que se encontram no ápice da pirâmide o seu sistema jurídico, mais próximo se encontra o seu regime o pólo democrático. Por outro lado – e agora examinando assunto à luz das relações entre Direito e força – quanto ais se estende o mecanismo da sanção, da base para o vér-ce da pirâmide jurídica – isto é, dos cidadãos privados e a Sociedade Civil em geral, para os governantes e o Estado, um processo que assinala a passagem de órgãos irresponsáveis ara órgãos juridicamente responsáveis, e a substituição de oderes arbitrários por poderes juridicamente controlados - mais próximo se encontra o regime político, em função as técnicas do Estado de Direito, do regime democrático.

por essa razão que os regimes democráticos, em contra-osição aos autoritários e aos totalitários, bem como o Direito ternacional Público, insistem na prestação de contas dos overnantes e dos Estados quando estes se vêem investidos e poderes excepcionais para solucionarem situações de mergência.

O AI-5, na medida em que possibilitava aos governan-es o exercício de um poder arbitrário, indeterminado no empo e no espaço, era, enquanto tal, incompatível com o ireito. Por essa razão, não era uma salvaguarda, mas sim ma aberração.

Falou-se muito, quando da substituição do AI-5, em lvaguardas, que qualifiquei como sendo de risco. Aponto enas que estas, inclusive as constitucionalmente previstas, podem ser salvaguardas, na verdadeira acepção do termo, 119 na medida em que possibilitarem a segurança geral. Esta, ju[ridi]dicamente, só pode ser garantida por normas gerais e imp[es]soais, que eliminem o arbítrio da vontade pessoal dos q[ue] detêm o controle da máquina estatal. A eliminação deste ar[bí]trio só se operará na medida em que os modelos de salvagu[ar]das de risco efetivamente se desligarem das vontades dos q[ue] as prescreveram, e se converterem em intencionalidades ob[je]tivadas por meio de normas.

Todo sistema político é dinâmico e se modifica na medi[da] em que funciona e atua. Resolvida a eliminação do AI-5 atra[vés] de sua substituição pelas salvaguardas de risco, cabe a in[da]gação de como funcionarão as forças em jogo na vida nacio[nal] na presente etapa institucional do país. Aqui é que me pare[ce] importante examinar as salvaguardas de desempenho, p[or] elas é que são, no meu entender, o caminho mais interessa[nte] para o futuro da reforma política, pois o seu âmbito de pre[o]cupação não é, como nas salvaguardas de risco, a possib[ili]dade de suspensão das normas, mas sim os meios e mod[os] do seu cumprimento.

(b) *Salvaguardas de desempenho*

Em Direito Internacional Público as *salvaguardas q[ue]* *planejam o desempenho* são aqueles mecanismos que per[mi]tem ajustar a norma à evolução da conjuntura. Em out[ras] palavras, técnicas de planejar o cumprimento das obrigaçõ[es] que permitem conservar a reciprocidade de interesses que [as] motivaram, mediante a adaptação do ordenamento aos a[ci]dentes da conjuntura e do aleatório, apesar da mudança [e] das transformações.

Em síntese: as salvaguardas que planejam o desempenh[o] ao contrário das que planejam o risco, não buscam a suspe[nsão] ão da aplicação da norma, mas sim meios e modos de aplicá-la, mesmo em circunstâncias excepcionais ou diante de grandes perigos, sem pôr em risco a segurança. Assim, por exemplo, no quadro das obrigações assumidas no GATT, ao invés da suspensão das concessões tarifárias, o "trade adjustment", isto é, o financiamento da reconversão de uma atividade econômica afetada pelas importações. Outro exemplo de salvaguardas que planejam o desempenho, em Direito Internacional Público, são as da Agência Internacional de Energia Atômica. Neste contexto, as salvaguardas têm como objetivo não impedir a utilização da energia nuclear, mas sim impedir o perigo de desvirtuamento para fins militares. Por isso, são controles de natureza política, destinados a verificar a finalidade no uso dos materiais nucleares que, por definição, devem ser pacíficos. Distinguem-se, no estatuto da Agência Internacional de Energia Atômica, *salvaguardas internas*, que são controles sobre materiais nucleares operados pela própria Agência, e *salvaguardas externas*, que são controles sobre substâncias nucleares ou atividades de um Estado, ambas tendo como objetivo impedir a utilização da energia nuclear para fins ou com objetivos militares[16].

No Direito Público Econômico Brasileiro, o instituto da correção monetária tem sido uma salvaguarda que vem permitindo o desempenho da economia, ajustando-a aos "aléas" da inflação.

No Direito Constitucional a experiência da Suprema Corte dos Estados Unidos é um exemplo de como um sistema político encontrou uma instituição que foi capaz de salvaguardar o desempenho da Constituição, adaptando-a, através

---

16. Cf. GUIDO FERNANDES SILVA SOARES, *As Salvaguardas dos Acordos Nucleares*, S. Paulo: Bushatsky, 1977.

de interpretações e da construção judiciária, à evolução conjuntura.

Em outras palavras, as salvaguardas de desempenh são aquelas destinadas à institucionalização de um regim que é uma das dimensões importantes do desenvolvimen político. É verdade que elas também têm riscos. Entretant como observou Bertrand Russell, na introdução à sua *Histór da Filosofia Ocidental*: "To teach how to live without certaint and yet without being paralysed by hesitation, is perha the chief thing that philosophy, in our age, can still do f those who study it."[17] Parafraseando esta frase de Russe diria, concluindo, que a lição do Direito Internacional, atrav das salvaguardas de desempenho, é mostrar que o convív normativo é possível, mesmo sem a certeza da segurança abs luta – que inexiste, tanto na filosofia quanto na vida públic máxime no plano internacional – e que podemos e devem optar, sem hesitação, neste momento em que se discute reforma política, em prol de mecanismos constitucionais qu sem deixar de levar em conta as salvaguardas de risco, bu quem, sobretudo, o cumprimento das normas.

17. Cf. RUPERT CRAWSHAY WILLIAMS, *Russell Remer bered*, London: Oxford University Press, 1970, p. 21.

LIBERDADE E IGUALDADE: REFLEXÕES SOBRE O CRESCIMENTO ECONÔMICO A DEMOCRACIA*

CRESCIMENTO

A preocupação com o crescimento econômico é, seguramente, uma das mais importantes características da sociedade contemporânea. Entendido como modernização, o crescimento assume uma forma comum nas sociedades industriais: da criação e apropriação de um excedente social, o qual reverte ao processo produtivo na forma de novos bens e capital, incorporando desse modo as inovações tecnológicas.

É desta crescente preocupação com o crescimento que surge, hoje, a idéia de uma nação como uma espécie de associação geral de produção e consumo, em que todos estão interessados no crescimento dos frutos. Como medir esse crescimento? Os indicadores são diversos. O PNB, a renda per capita são alguns deles.

No caso brasileiro, especificamente, eles revelam que desempenho recente do país, em termos de crescimento,

---

* Texto revisto de intervenção apresentada no Painel sobre O Problema da Distribuição de Renda no Brasil — Implicações na egurança e no Desenvolvimento", promovido no Rio de Janeiro pela scola Superior de Guerra, em 20 de setembro de 1977.

tem sido altamente satisfatório. Basta ver, nesse sentido, q entre 1949 e 1965 o PNB do Brasil cresceu a uma taxa cum lativa equivalente a 6,1% ao ano, a preços constantes. Ent 1965 e 1976, essa taxa foi de 9,2% ao ano, a preços constant A preços de 1970, o PNB brasileiro somava 142 bilhões cruzeiros, em 1965. Em 1976, esse montante já atingia 3 bilhões de cruzeiros, o que significa um aumento, em 11 an de 164%[1].

O PIB per capita, a preços de 1970, cresceu, entre 19 e 1965, a 3,1% ao ano. Entre 1965 e 1976 cresceu a 6,2 A velocidade do crescimento do PIB per capita, portant após 1965, é exatamente o dobro da do período 1949-196:

Expressos estes dados em cruzeiros constantes de 194 isto significa que, em 1949 a renda per capita do Brasil e de Cr$ 4,5 e em 1965 de Cr$ 7,3. Em cruzeiros constan de 1970, de acordo com as novas estimativas oficiais, a ren per capita em 1965 era de Cr$ 1.776,9, tendo passado e 1976 para Cr$ 3.465,8[3].

Por outro lado, em 1949 a formação do capital fi: das empresas[4], em porcentagem do PIB, era de 8,9%. E 1959 foi de 14,9% e em 1965 de 21,1%. A formação to de capital, como porcentagem do PIB, subiu de 12,9%, ano de 1949, para 25,4% no ano de 1975, o que indica u esforço crescente de poupança e investimento da econom nacional.

Uma pergunta, entretanto, se faz necessária: se tod estes dados indicam um belo desempenho, por que razão trava, nos dias de hoje, um debate tão intenso sobre os res tados da política econômica adotada pelos últimos governo

Esta não é uma indagação que comporta uma respos linear, ainda que para a intensidade crescente deste deba tenha contribuído, no Governo Figueiredo, o recrudescimen o surto inflacionário e a magnitude das dificuldades que o país vem enfrentando em matéria de balanço comercial e de pagamentos. Creio, no entanto, que independentemente das dificuldades do momento presente, não se pode deixar de mencionar que o crescimento, em termos quantitativos, não evidencia o fato de que um mesmo resultado econômico pode ser alcançado por diversas combinatórias políticas que registram, em termos qualitativamente diferenciados, as múltiplas preferências da comunidade.

O que pretendo dizer, em outras palavras, é que esses indicadores mencionados podem ser extremamente importantes, mas não são de todo suficientes.

Não o são porque o problema político-econômico-social é demasiadamente complexo e não se reduz exclusivamente a critérios apenas quantitativos. De fato, tanto o controle do excedente, quanto a distribuição do que foi produzido, podem variar no tempo e no espaço — e é por isso, justamente, que variam de país a país, e, em cada nação, de região a região. Nessa associação geral de produção e de consumo, portanto, os participantes são desiguais nas suas funções e, conseqüentemente, encontram-se divididos na partilha dos resultados.

O tema é importante, atual e provocador. Afinal, como controlar o excedente e distribuir o produzido numa sociedade? Uma alternativa, comum aos sistemas abertos, pode ser o mercado. Sua grande vantagem reside no fato de ser um mecanismo descentralizado, que permite a coordenação das decisões sem os ônus burocráticos da centralização.

Agindo individualmente e tendo em vista seus fins particulares, os cidadãos interagem e, nesse processo, coordenam-se. Os economistas clássicos e neoclássicos têm ressaltado que o mecanismo de mercado, por intermédio do sistema de preços, transforma os resultados desta coordenação nu eficiente emprego dos recursos de uma sociedade. Não s pode esquecer, todavia, da existência de alguns pressuposto prévios para o sucesso deste mecanismo.

Entre eles, está a concorrência perfeita que, ao permit o pleno exercício da preferência do consumidor, acaba fazend com que este, pela sua escolha, determine os rumos do inve timento e da produção. Daí as relações entre o liberalism econômico e o liberalismo político, na sua origem, há do ou três séculos.

A História nos mostra, entretanto, que a concorrênc perfeita é apenas um modelo teórico. Afinal, a concentraçã do poder econômico é a regra da sociedade contemporâne viciando e mutilando a vontade do consumidor. É isto qu explica, por exemplo, o vigor e a agressividade da public dade nos últimos tempos. E é por essa razão, igualment que os membros da sociedade não acabam determinand necessariamente, pelo sistema de preços, a produção e o inve timento. Além disso, o mecanismo de mercado não contén embutido dentro do sistema de preços, um critério da distr buição de renda, a partir do qual operar-se-ia o emprego d recursos de uma sociedade.

2. AS EXTERNALIDADES E O PAPEL DO ESTADO DO BRASIL

São esses os motivos, em conjunto, que fazem com qu o mercado gere *externalidades*. Uma externalidade ocor quando alguém é seriamente afetado, positiva ou negativ mente, pelos resultados de uma decisão da qual não tomo parte. Assim, por exemplo, a expansão industrial pode ger a poluição e a expansão agrícola e pastoril a devastação ec ógica. Nestes casos, o custo real dessas atividades incide sobre a natureza e pesa sobre a coletividade. A internalização das externalidades se faz por meio de organizações, que são meios de se alcançar os benefícios da ação coletiva em situações nas quais falha ou se revela insuficiente o mecanismo de preços.

A grande organização que internaliza externalidades, no mundo contemporâneo, é o Estado. O próprio Estado Liberal, ao ter como objetivos a defesa externa, a ordem interna a administração da justiça, cuidava precisamente da criação de bens públicos que não podiam ser produzidos pelo sistema de preços.

A moderna sociedade industrial criou – e cria – muitas externalidades. Um exemplo, no campo do Direito, é a evolução da Teoria da Responsabilidade. Esta caracteriza-se pela passagem da noção de culpa subjetiva para a da responsabilidade objetiva ou do risco criado. O risco criado significa que quem, para o seu próprio prazer ou utilidade, introduz algo perigoso para a sociedade – por exemplo, a exploração do espaço exterior – é responsável por qualquer acidente que disso derivar, ainda que não se lhe possa imputar culpa ou negligência.

Do impacto das externalidades na Teoria da Responsabilidade deriva também a idéia de que o dano, no mundo contemporâneo, é produto de um emaranhado de causas, difíceis de serem precisadas, e daí o aparecimento de formas de indenização coletiva – tais como: seguro-social, seguro-desemprego – que representam maneiras de socializar o risco por meio de organismos coletivos. A esta evolução, no campo o Direito, corresponde, no plano das estruturas, a transformação do Estado Liberal no Estado Intervencionista. Este, no entanto, não eliminou o sistema de preços, cabendo também dizer que até mesmo os países da órbita socialista têm

levado em conta a importância do mercado nas suas ref
mas econômicas, pois o mercado permite aos consumido
exprimirem as suas escolhas e aos utilizadores fazerem con
cer as suas necessidades.

Essas considerações servem para situar a moldura ins
tucional da política econômica em nosso país. O Brasil é u
país de economia mista, no qual o mecanismo de preços cc
vive com um Estado que desempenha, basicamente, três fu
ções. A primeira é a de *provedor*, preocupado com o bem-es
social. Nesta função, o Estado redistribui para a comunida
por intermédio do Direito Público, benefícios econômic
tendo em vista a criação de um padrão mínimo para todos, q
têm como objetivo mitigar as externalidades do mercado.

A segunda é a de *disciplinador* da atividade econômi
Nesta função, o Estado busca assegurar o crescimento e en
minhar a conjuntura por meio de normas, que procuram u
equilíbrio entre o interesse particular dos agentes econôr
cos públicos e privados e o interesse econômico geral. É p
isso que orienta os investimentos, estimulando-os ou dese
mulando-os; disciplina as importações e exportações; cc
trola a oferta monetária e o crédito; administra salários e cc
trola preços.

Finalmente, o Estado também age como *empresár*
por meio das empresas públicas, seja porque entende nec
sário criar para o país um ou mais núcleos de expansão ec
nômica, através das vantagens da escala e sem os ônus do mor
pólio privado, seja porque certas áreas consideradas vitais n
foram – ou não serão – preenchidas pelo setor privado, quer p
falta de interesse e rentabilidade, quer por falta de recurs

Um exame da despesa pública mostra a atuação do Esta
como provedor em termos de recursos utilizados em maté
de escolaridade e previdência social.

O conjunto da despesa pública de todos institutos e serviços de previdência social[5], em 1960, representava apenas 2,6% do PIB; em 1975 esta porcentagem cresceu para 5,4% do PIB, isto é, praticamente dobrou em relação ao PIB. Além disso, como o próprio PIB em moeda constante tem crescido significativamente, resulta que, em valor absoluto, estas despesas de previdência apresentaram forte aumento, refletindo a preocupação do Governo com a questão: de fato, de um total de Cr$ 6.563,9 milhões, em 1960, em moeda de 1975, este montante cresceu para Cr$ 54.712,8 milhões em 1975, ou seja, apresentou um crescimento real de 734% (multiplicou-se por 8,34) em 15 anos, crescendo a uma taxa real cumulativa equivalente de 15,2%.

Quanto às despesas públicas com educação[6], os gastos federais, quando vistos exclusivamente, mostram que, em 1960, gastou-se 0,65% do PIB, enquanto que, em 1975, esta porcentagem cresceu para 0,84%, não tendo havido, portanto, um aumento acentuado. Porém, um exame das despesas estaduais com educação mostra que estas cresceram muito mais rapidamente: enquanto que em 1966 elas já eram 92% maiores do que as federais, em 1975 ultrapassavam aquelas em 235%, ano no qual os gastos da rubrica "Educação" representaram 9% do total arrecadado pelos Estados brasileiros.

Os números também mostram o crescimento da importância, na economia brasileira, das empresas públicas. Dados muito significativos são apresentados pelo *Balanço Anual*, da *Gazeta Mercantil*[7]:

(1) Eles mostram que, em 1976, na partilha do faturamento global das 300 maiores empresas operando no Brasil, as estatais detiveram 35,6%, contra 23,9% das empresas privadas nacionais e 40,5% das estrangeiras;

(2) A rentabilidade sobre vendas das estatais, em 1970 foi de 8,7%, em comparação com 5,3% das estrangeiras e 5,6% para as nacionais.

Finalmente, um rápido registro da estrutura administrativa do Estado revela o seu acréscimo de poder, em matéria de regulamentação da atividade econômica.

3. A DISTRIBUIÇÃO DE RENDA E DOS RESULTADOS DO CRESCIMENTO

Neste processo de convivência do sistema de preços com o Estado Intervencionista, foram tomadas decisões. Os objetivos destas decisões, no plano do Estado, resultam de suas funções hierárquicas de gestão da sociedade. Elas visam aumentar o poder de controle da sociedade sobre o seu próprio destino. Qual é, portanto, o resultado dessa gestão? Sabemos que houve crescimento, conforme mencionado no início da exposição. Entretanto, cabe agora a pergunta: qual tem sido a direção desse crescimento?

Se se comparar a distribuição dos resultados econômicos do crescimento[8] de acordo com os números dos Censos de 60 e 70, verifica-se: que o coeficiente de Gini, em 1960, era de 0,50 e, em 1970, era de 0,57.

Verifica-se igualmente que o aumento percentual de renda per capita, na década de 60, foi de 68,7% para os 5% mais ricos da população economicamente ativa, sendo que apenas 16% para os 40% mais pobres.

Em 1960, os 40% mais pobres da população detinham 11,56% da renda total. Em 1970, detinham 10,01. Os 40 seguintes, em 1960, detinham 34,09% e, em 1970, detinham

27,75%. Os 20% mais ricos em 1960 detinham 54,35% da renda total. Em 1970, detinham 62,24%.

Por outro lado, se se considerar, como faz Chenery[9], como alta desigualdade o índice de Gini maior do que 0,50, não há dúvida de que a desigualdade do Brasil era muito grande, de acordo com o que revela o Censo de 60, e aumentou ainda mais conforme os dados do Censo de 70. Os resultados do crescimento, portanto, foram distribuídos de maneira muito negualitária. Isso significa, em termos de sistema de preços, que existe um voto ponderado e um censo alto na preferência do consumidor, pouco compatível com as aspirações de uma sociedade democrática. É por essa razão, aliás, que as sociedades com renda média ou alta, exibem um índice de Gini entre 0,50 e 0,40 — de preferência, inferior a 0,40 — como condição para uma sociedade democrática.

É possível que um dos custos do crescimento econômico num país em vias de desenvolvimento, que optou por uma economia de mercado — como é o caso do Brasil — seja um certo grau de desigualdade criada pelos incentivos e a competição que, numa economia dinâmica, aceleram o desenvolvimento. Este custo — argumenta-se — seria suportável em países em vias de desenvolvimento na medida em que, nesses países, o problema da distribuição de renda e do nível absoluto de vida caminham juntos. Portanto, se o crescimento melhorar o nível absoluto de vida da população, ainda que com um ônus de desigualdade crescente, isto, numa primeira etapa, seria um custo suportável para o sistema como um todo. Esta é, em síntese, a melhor linha de raciocínio dos partidários da tese de que é preciso aumentar o bolo antes de pensar em distribuí-lo. Cabe, portanto, confrontá-la com alguns dados[10]:

40% das famílias mais pobres têm que se content com 8% da renda total, lutando pela sobrevivência com ren mentos monetários inferiores ao salário-mínimo vigente país. Estima-se também que 64% da força de trabalho – acordo com os dados do Censo de 70 e de pesquisas posterio do IBGE – isto é, 20,96 milhões de pessoas, viveriam, Brasil, em nível de subsistência de até 1 salário-mínimo apenas ligeiramente acima deste. Segundo outras estimativa 70% da população economicamente ativa formam a clas baixa ou inferior, que congrega a grande maioria das pop lações pouco qualificadas, com rendimentos sistematicamen inferiores a 1 salário-mínimo.

Outros indicadores são igualmente reveladores des dura realidade. A "Pesquisa Nacional por Amostragem Domicílio – PNAD" do IBGE, de 1973[11], revela que m da quarta parte das habitações brasileiras não possuíam sequ poço ou nascente de água. 59,8% das habitações não se via abastecidas por água encanada de rede geral. Das 19,6 milhõ de habitações listadas, em 1973, 2,9 milhões – ou 14,7% eram barracos ou outras habitações que não casas ou apar mentos. 61% das habitações brasileiras, em 1973, cobrin 64% da população, não tinham instalação sanitária de es cie alguma. Praticamente metade da população brasilei em 1973, não dispunha de energia elétrica para iluminação outros fins domésticos.

As conclusões parecem claras: o crescimento realiza com desigualdade crescente não eliminou ou atenuou, maneira significativa, o problema da pobreza absoluta, pos que as camadas da população excluídas dos benefícios crescimento atingem taxas percentuais impressionantes.

4. SEGURANÇA, IGUALDADE E DEMOCRACIA

Quais as conseqüências políticas, para a segurança e para o desenvolvimento, dessa situação? Segurança, como se sabe, origina-se do prefixo *se*, acoplado à palavra latina *cura*: cuidado, solicitude. Segurança, portanto, quer dizer, sem cuidados, sem perigo, tranqüilo. No campo político, a idéia de segurança é a de uma ordem sem sobressaltos.

Como instaurar uma ordem sem sobressaltos? Uma ordem sem sobressaltos não pode ser uma ordem imposta, que resulta apenas do fisicamente possível em termos de poder. Uma ordem sem sobressaltos é uma ordem aceita. Toda ordem aceita parece parcialmente insatisfatória aos seus componentes. A existência desta insatisfação, no entanto, é uma primeira condição de estabilidade, pois se existisse um grupo ou setor totalmente satisfeito e seguro, ele provocaria a insatisfação total e a insegurança dos demais, gerando, conseqüentemente, o fermento da instabilidade. A segunda condição de estabilidade é o reconhecimento, numa sociedade, da legitimidade das múltiplas aspirações e da especificidade das reivindicações de seus membros. A terceira condição é o princípio de que a dinâmica do processamento e do atendimento das reivindicações deva pautar-se por regras que sejam tidas como justas pela sociedade. A justiça cria a lealdade, pois a sua percepção faz com que a segurança do atendimento se distribua entre todos os componentes de uma comunidade. Em última instância, portanto, uma ordem segura e sem sobressaltos requer a crença de que as normas e os princípios que, numa sociedade, administram os conflitos sejam reconhecidos como justos.

Desde Aristóteles, a justiça está associada à igualdade. É verdade que a igualdade, enquanto tal, é um termo vago.

É preciso medi-la de acordo com um critério. A tradição oc dental tem, entre outras, três respostas para esse critério: igua dade segundo o mérito, igualdade segundo a necessidade igualdade segundo o trabalho. Os indicadores acima menci nados mostram que não está havendo justiça no que tang à necessidade e ao trabalho, de maneira que cabe agora expl rar a pergunta seguinte: existe igualdade segundo o mérit

Tocqueville, em *L'Ancien Régime et la Revolutio* mostra na sua análise que uma das causas da Revolução Fra cesa derivava do fato de a nobreza ter, num longo process histórico, conservado os seus privilégios, deixando porém exercer as suas funções públicas. Porque não mais exerc as suas funções, os privilégios da nobreza pareceram, na oc sião, excessivamente pesados ao Terceiro Estado. Como poderia traduzir, em termos contemporâneos, esta análi de Tocqueville?

As elites, numa sociedade — aqui entendidas operaci nalmente como os que, no plano político formulam decisõe no plano econômico controlam os meios de produção; plano cultural formulam os símbolos e a interpretação e, plano social, detêm um *status* superior — podem ser funci nais ou disfuncionais. Em outras palavras, podem ou nã ter méritos. As elites têm méritos quando os serviços por el prestados à sociedade são superiores ao seu desfrute, ou sej quando o seu custo é inferior aos benefícios que elas traze à sociedade.

Os indicadores acima mencionados de distribuição renda e do nível absoluto de pobreza não são propriamen favoráveis ao mérito das elites brasileiras. Daí a necessidac de reformas, isto é, da reorientação das políticas que afeta o regime de 'participação da sociedade, fundamentalmente sentido de ampliá-lo. A reforma como meio de mudança, alé

e significar a ampliação do regime de participação — e ao
ontrário da revolução — pode e deve ser conduzida por um
to esclarecido de liberalidade por parte do grupo governante
dos quadros sociais a que pertence. Este ato esclarecido,
o caso do Brasil, teria como fundamento o próprio inte-
esse das elites, que poderiam, neste processo, mostrar os seus
éritos, garantindo, além do mais, as condições de sobrevi-
ência de uma economia de mercado no Brasil, que não se
ustentará com as porcentagens de marginalidade e exclusão
ocial hoje existentes. Como conduzir com lucidez política
eficiência econômica a reforma que os indicadores pare-
em aconselhar?

Tocqueville, ao concluir *De la Democratie en Amérique*,
bservava que existe, nas nações, a tendência a operar as con-
ições de igualdade, mas ponderava que depende das nações e
os seus sistemas políticos que a igualdade as conduza à ser-
idão ou à liberdade, às luzes ou à barbárie, à prosperidade
u à miséria. Ora, foram apontadas, no correr desta expo-
ção, as externalidades do mercado. Cabe agora discutir as
xternalidades das decisões tomadas por organizações — inclu-
ve o Estado — que têm como objetivo obter os benefícios
a ação coletiva centralizada, tendo em vista as deficiências
o sistema de preços.

A primeira externalidade a ser mencionada no mundo
ontemporâneo é o isolamento do indivíduo, enquanto con-
umidor e cidadão, que se sente inerme diante das grandes
rganizações públicas e privadas que, em nossos dias, assina-
m a concentração do poder econômico e político. Uma
as razões desse isolamento deriva das características do pro-
esso decisório nas organizações. As organizações, assim como
s indivíduos, dada a limitação de recursos, escolhem um
mo entre vários rumos possíveis. Investir em escolas ou   135

em estradas, em saúde ou na produção de aço, são opçõ
abertas ao Estado que, no entanto, não pode efetivá-las sim
taneamente. É por isso que, como dizia Mendés-France, gove
nar é escolher.

Como escolhem as organizações e, em particular,
Estado? Normalmente, as organizações decidem em funçã
de suas rotinas. Estas são montadas a partir das premiss
nelas prevalecentes. Elas só são reelaboradas em virtude
inovação, que rompe a inércia pela introdução de um ite
novo na agenda do processo decisório.

O sistema de preços permite ao Estado ver a neces
dade de incluir ou não certos itens na agenda do proces
decisório. Assim, por exemplo, a taxa de inflação, o volur
do endividamente externo ou o déficit da balança comerc
são problemas que o sistema de preços coloca para o proces
decisório do Estado, que podem vir a modificar as rotin
do encaminhamento das questões econômicas.

Entretanto, o sistema de preços, dadas as suas exterr
lidades, não permite a captação de todos os itens necessári
para a transformação das políticas públicas. Estas requere
os mecanismos de voz, que são os de articulação política
que transmitem informações importantes para qualquer or
nização, seja ela pública ou privada, seja ela a grande or
nização do mundo contemporâneo que é o Estado. Atrav
da existência e do funcionamento de uma pluralidade de cana
os mecanismos de voz transmitem ao Estado a necessida
de novos programas-de-ação e permitem, também, a avaliaç
programas de ação em curso. Esta informação é fundamen
porque, no plano das atividades humanas, não existe o "o
best way", o caminho único. Prevalece o princípio da escol
em que uma das opções, entre várias opções possíveis, cc
verte-se numa decisão. Para que esta decisão, sobretudo

lano do Estado, seja uma decisão lúcida, subjetivamente
ceita e objetivamente ponderada, ela requer participação.
Em outras palavras, se o sistema político, por meio do seu
rocesso decisório, converte preferências individuais em deci-
ões públicas que afetam o conjunto da comunidade, deve
aver lucidez e participação da comunidade nessa escolha.

Daí a importância da democracia na condução da reforma
cujas interligações, em matéria de política econômica, vou
entar, a seguir, esclarecer.

Uma política econômica, sobretudo no campo do inves-
imento, que mais efeitos tem a longo prazo, pois configura
perfil produtivo de um país, pode ser julgada e avaliada
or diversos critérios. Por exemplo: o critério da eficiência,
do crescimento, o do pleno emprego, o da distribuição de
enda, o da estabilidade de preços, o da qualidade de vida, o
la segurança econômica. Esses critérios todos não são neces-
ariamente compatíveis entre si e a atribuição de maior ou
nenor importância a qualquer um deles é uma escolha polí-
ica, que deve ser feita com lucidez e participação.

Assim, exemplificando, o sistema tributário vigente
o Brasil posterior a 1964, é mais eficiente do que o sistema
nterior, no sentido de arrecadar mais recursos da sociedade.
asta, neste sentido, dizer que o total dos impostos diretos
indiretos[12], quando confrontado com o consumo total, tem
escido fortemente – de 18,3%, em 1949, para 35%, em
975. Este sistema também favorece o mercado de capitais,
o livrar de tributação os lucros auferidos nas negociações
m Bolsa. Ele, no entanto, é regressivo: o ICM, por exemplo,
em alíquotas proporcionais de molde a favorecer as regiões
nenos desenvolvidas, mas onera por igual todos os contri-
uintes. A Taxa Rodoviária Única também produz um efeito
egressivo ao tributar de maneira uniforme todos os contribuin-

tes, apesar de mudanças recentes terem estabelecido crit
rios distintos em função da potência do veículo e do seu ar
de fabricação.

O Imposto de Renda que, presumivelmente, é ma
oneroso para os que possuem rendimentos mais altos, con
titui, na realidade, uma tributação mais pesada para cert
tipos de rendimentos do que para outros. De fato, se cons
derarmos os rendimentos globais sem levar em conta a respe
tiva origem, o Imposto de Renda é também regressivo. C
rendimentos do trabalho são pesadamente tributados, um
vez que a tabela progressiva sempre lhes é aplicável. Os rend
mentos de participações societárias, além da tributação c
pessoa jurídica, são menos pesadamente onerados em virtu
de, na maior parte dos casos, serem tributados na fonte
alíquotas baixas. Considere-se, por exemplo, que os dividend
de ações de sociedades de capital aberto sofrem uma incidênc
de apenas 15% e que os rendimentos societários em geral nã
são onerados com tributo superior a 25%.

Portanto, na reforma do sistema tributário houve um
escolha em termos de eficiência e de crescimento da arrec
dação, em detrimento da distribuição de renda.

A fórmula salarial, por outro lado, através da qual
Governo vinha administrando a política salarial, pode t
contribuído para a estabilidade dos preços até 1978, mas
queda do salário-mínimo real que dela derivou, pelo m
nos durante um bom período, não melhorou a distribuiçã
de renda.

O crescimento urbano e industrial aumentou a prod
ção, mas trouxe problemas de poluição. Estes, por sua ve
têm que ser encarados também em termos dos custos de pr
duzir sem poluição, tendo em vista ainda a capacidade d
consumidor e a competição internacional.

O protecionismo e a autarquia podem aumentar a segurança econômica de um país, mas não levam, necessariamente, uma maior eficiência.

Conforme se verifica por este rápido elenco de problemas, essas decisões não são exclusivamente técnicas: elas envolvem uma escolha, que é essencialmente política. Daí a pergunta-chave: como aumentar e organizar a participação no que tange à escolha dessas decisões para que elas sejam tomadas com lucidez e sem arbítrio? Creio que, neste sentido, vale a pena lembrar algumas técnicas clássicas do Constitucionalismo, entre as quais a divisão de funções entre o Executivo, o Legislativo e o Judiciário. Esta divisão é uma garantia do princípio da legalidade e do princípio da imparcialidade. Em outras palavras, ela evita, numa sociedade em que há governantes e governados, a decisão arbitrária, isto é, aquela não-baseada numa norma geral fruto do poder legislativo. E evita, também, a decisão parcial, isto é, aquela que é dada por uma das partes numa controvérsia, que é o que tende a ocorrer quando não existe um Judiciário independente.

Evidentemente, essas técnicas clássicas, de per si, não são suficientes tendo em vista a complexidade das decisões que se fazem necessárias. É preciso que haja também um controle da gestão, e este controle requer, em primeiro lugar, uma avaliação objetiva do desempenho governamental. Esta avaliação garante, por assim dizer, a verdade factual que, como ensina Hannah Arendt, é o fundamento da vida política: ela permite julgar, no espaço público da palavra e da ação, a conduta dos governantes e a sua gestão da sociedade. A avaliação objetiva do desempenho governamental requer, tanto no âmbito do Estado, quanto no da sociedade civil, a multiplicidade e a autonomia de instâncias técnicas. A Universidade, os órgãos de pesquisa das associações de classe — tanto de trabalhadores

quanto patronais – ainda que insuficientes, mostram, na pr
pria experiência do nosso país, a relevância do papel das in
tâncias técnicas na avaliação dos rumos da sociedade bras
leira. Aliás, uma das contribuições importantes para a dem
cracia, no plano institucional, do planejamento francês, é pr
cisamente a sua capacidade de mobilizar estas instâncias, n
processo de escolha das opções econômicas.

Ê evidente que esta avaliação objetiva não elimina
importância da avaliação subjetiva, que se exprime .atrav
dos mecanismos clássicos de representação e de voz. Nes
sentido, vale a pena realçar a importância do Legislativo. I
fato, a existência de uma divisão entre o Legislativo e o Ex
cutivo permite separar, institucionalmente, a produção
decisões da sua discussão. A discussão das decisões, no Legi
lativo, possibilita a intermediação entre a tecnocracia e a com
nidade, criando a confiança que, na esfera parlamentar, i
identificar-se às alternativas adversas. Precisamente porqu
no Legislativo, o poder é compartilhado, ao contrário do q
ocorre no Executivo onde ele em princípio deve ser exercid
a encenação das decisões é um fator de estabilidade, pois pe
mite a participação sem o risco da indefinição. Naturalment
para que o Legislativo possa desempenhar esta função é pr
ciso que haja liberdade de imprensa e de discussão – que
uma das condições a permitir este tipo de participação pol
tica atuante dentro da máquina do Estado. A outra condiçã
é a organização da sociedade civil de maneira pluralista, con
condição inclusive de institucionalizar a participação, de m
neira compatível com a capacidade do sistema político
processamento de demandas e reivindicações.

Evidentemente, estas indicações, acima sumariadas, n
apontam propriamente um caminho, mas sim uma forma
caminhar. Esta forma de caminhar permitirá, segundo crei

ue as soluções mais adequadas sejam encontradas no jogo
os debates e das idéias de uma autêntica vida pública. Este
go requer a liberdade, que deverá ser protegida, à direita,
a restauração conservadora, sempre pronta a suspendê-la
n defesa dos privilégios sem funções, e, à esquerda, do jaco-
inismo extremista, sempre pronto a adiá-la, na expectativa
e um futuro quimérico que nunca se faz presente.

NOTAS EXPLICATIVAS E
REFERÊNCIAS BIBLIOGRÁFICAS

NOTAS EXPLICATIVAS

Fonte para os dados do PNB

Conjuntura Econômica, julho/1977, "Contas Nacionais", tabelas
II e XV; os dados de 1949 e de 1959, a preços de 1970, foram obtidos
o PNB de 1965, pelo uso do índice real de variação da série anterior
as Contas Nacionais, obtida da tabela A-2 dos "Estudos APEC" de
976. Este procedimento foi adotado em virtude de não ter sido pos-
vel obter uma série histórica consistente no período 1949 a 1975.
PNB de 1976 foi estimado a partir do PIB publicado pela *Conjuntura
conômica*, tabela A, volume já citado, subtraindo-se a estimativa da
nda líquida enviada ao exterior, publicada pelo *Diário Oficial* de
/3/77. As taxas de crescimento foram calculadas por séries de cres-
mento cumulativo geométrico.

Fonte para os dados do PIB

A mencionada na nota 1, tabelas "A" e VII; o PIB per capita
oi obtido da mesma fonte exceto para o ano de 1949: para este, obte-
e-se o PIB per capita pelo quociente entre o PIB e a população brasi-
ira de 1949, a qual foi estimada a partir da população indicada pelo
enso de 1/7/1950 com um fator corretivo de 1:1,015. As taxas de
rescimento foram calculadas de modo igual ao da nota 1.

3. *Renda per capita*

Os dados foram obtidos da *Conjuntura Econômica*, separata janeiro/1975, bem como do exemplar de julho/1977.

4. *Consumo e formação de capital*

Dados obtidos da *Conjuntura Econômica*, tabela VII, julho/197

5. *Dados de previdência social*

Foram compilados a partir de elementos colhidos nos anuári do IBGE.

6. *Dados sobre educação pública*

No âmbito federal, as fontes foram as edições do Anuário c IBGE; para as comparações entre as áreas estaduais e federal, as cor pilações foram feitas a partir de estatísticas publicadas pela OE (*America en Cifras*, Instituto Interamericano de Estatística, vol. 1975, quadro 343-01, pp. 128 e ss.), para os anos de 1966 a 1972. Pa os anos de 1973 a 1975, as fontes foram os anuários do IBGE.

7. *Crescimento das empresas públicas*

Fonte: *Balanço Anual*, da Gazeta Mercantil, setembro/197 pp. 10 a 16.

8. *Distribuição dos resultados econômicos*

Fonte: *A Nova Economia Brasileira*, Mário Henrique Simonse e Roberto de Oliveira Campos, Crown, Editores Internacionais, cap tulo 7, "Os desafios do desenvolvimento" e seguintes.

9. Chenery, Hollis, "Estratégias Alternativas de Desenvolvimento vers Distribuição" in *Painéis Internacionais – 21º Aniversário do BNDI* edição APEC/BNDE, 1972.

10. Os elementos apresentados foram obtidos das seguintes fonte
   (a) Bacha, Edmar L., "A Aritmética da Miséria no Brasil" *Folha de S. Paulo*, 28/5/77;
   (b) Lorenzo Fernandes, O. S., *A Evolução da Economia Bras leira*, Rio: Zahar Edit., 1976, pp. 270-271;
   (c) Pastore, José, "Emprego, Renda e Mobilidade Social no Brasil in *Pesquisa e Planejamento Econômico*, Rio: IPEA, vol. nº 3, dezembro/1976, p. 583.

1. *Pesquisa Nacional por Amostragem de Domicílio*, 1973, IBGE, quadro 5.1.1, p. 46.

2. *Consumo e impostos*

Fonte: *Conjuntura Econômica*, julho/1977, Contas Nacionais, abelas VII e VI.

REFERÊNCIAS BIBLIOGRÁFICAS

RENDT, Hannah. *Entre o Passado e o Futuro*. S. Paulo: Edit. Perspectiva, 1972.

RROW, Kenneth J. *The Limits of Organizations*. N. York: Norton, 1974.

OBBIO, Norberto. *Teoria della Norma Giuridica*. Torino: Giappichelli, 1958.

RIEDMANN, W. *The State and the Rule of Law in a Mixed Economy*. London: Stevens, 1971.

IRSCHMAN, Albert O. *Saída, Voz e Lealdade*. S. Paulo: Edit. Perspectiva, 1973.

AGUARIBE, Hélio. *Sociedade, Mudança e Política*. S. Paulo, Edit. Perspectiva, 1975.

AGUARIBE, Hélio. *Desenvolvimento Político*. S. Paulo: Edit. Perspectiva, 1975.

OUVENEL, Bertrand de. *Du Principat*. Paris: Hachette, 1972.

INDBLOM, Charles E. *The Intelligence of Democracy*. N. York: Free Press, 1965.

EADE, James E. *The Theory of Economic Externalities*. Leiden, Sijthoff, 1973.

ENDÉS-FRANCE, Pierre, e ARDANT, Gabriel. *Science Economique et Lucidité Politique*. Paris: Gallimard, 1973.

OCQUEVILLE, Alexis de. *L'Ancien Régime et la Revolution*. Paris: Gallimard, 1952.

OCQUEVILLE, Alexis de. *De la Democratie en Amérique* (2 vol.). Paris: Médicis, 1951.

COLEÇÃO ELOS
(Últimos Lançamentos)

50. *O Homem no Universo*, Frithjof Schuon.
51. *Quatro Leituras Talmúdicas*, Emmanuel Levinas.
52. *Yossel Rakover Dirige-se a Deus*, Zvi Kolitz.
53. *Sobre a Construção do Sentido*, Ricardo Timm de Souza.
54. *Circularidade da Ilusão*, Affonso Ávila.
55. *A Paz Perpétua*, J. Guinsburg (org).
56. *A "Batedora" de Lacan*, Maria Pierrakos.
57. *Quem Foi Janusz Korczak?*, Joseph Arnon.
58. *O Segredo Guardado: Maimônides – Averróis*, Ili Gorlizki.
59. *Vincent Van Gogh*, Jorge Coli.
60. *Brasileza*, Patrick Corneau.
61. *Nefelomancias: Ensaios sobre as Artes dos Romantismos*, Ricardo Marques de Azevedo.
62. *Os Nomes do Ódio*, Roberto Romano.
63. *Kafka: A Justiça, O Veredicto e a Colônia Penal*, Ricardo Timm de Souza.
64. *O Culto Moderno dos Monumentos: A Sua Essência e a Sua Origem*, Alois Riegl.
65. *Giorgio Strehler: A Cena Viva*, Myriam Tanant.

Este livro foi impresso na cidade de Cotia,
nas oficinas da Meta Brasil
para a Editora Perspectiva.